Joy's

EASY TO PLAY
K*POP
FOR
PIANO

SEASON
9

조희순·문혜성·문혜린 저

Joy쌤의
누구나 쉽게 _ 치는 K-POP
초급편

samhoETM

차례 | CONTENTS

듀엣

EASY

Supreme Boi, SCORE, Megatone 외 7명 **작사**
Supreme Boi, SCORE, Megatone 외 7명 **작곡**
LE SSERAFIM(르세라핌) **노래**

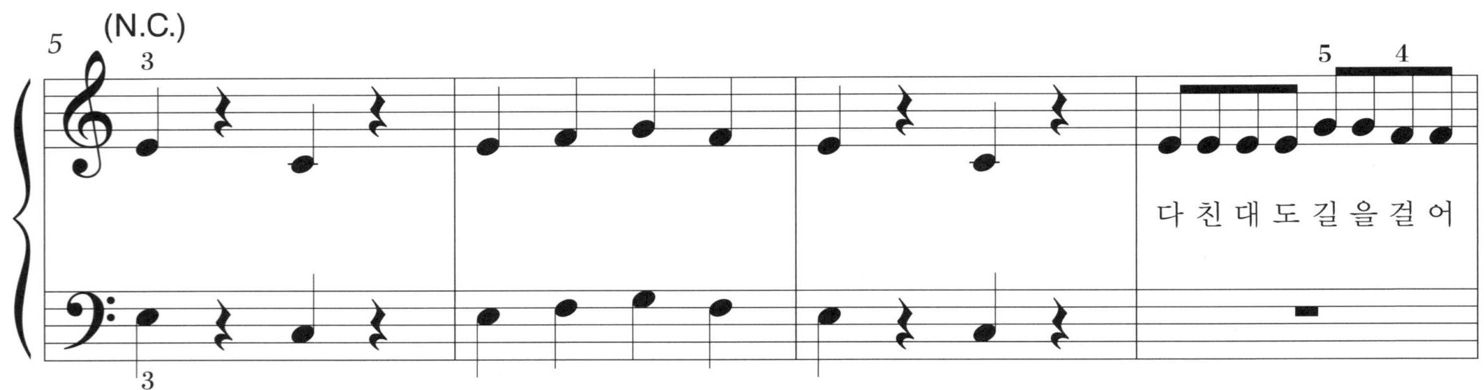

13
F
Em
bo - dy   Pull up and I rip it up like bal - let

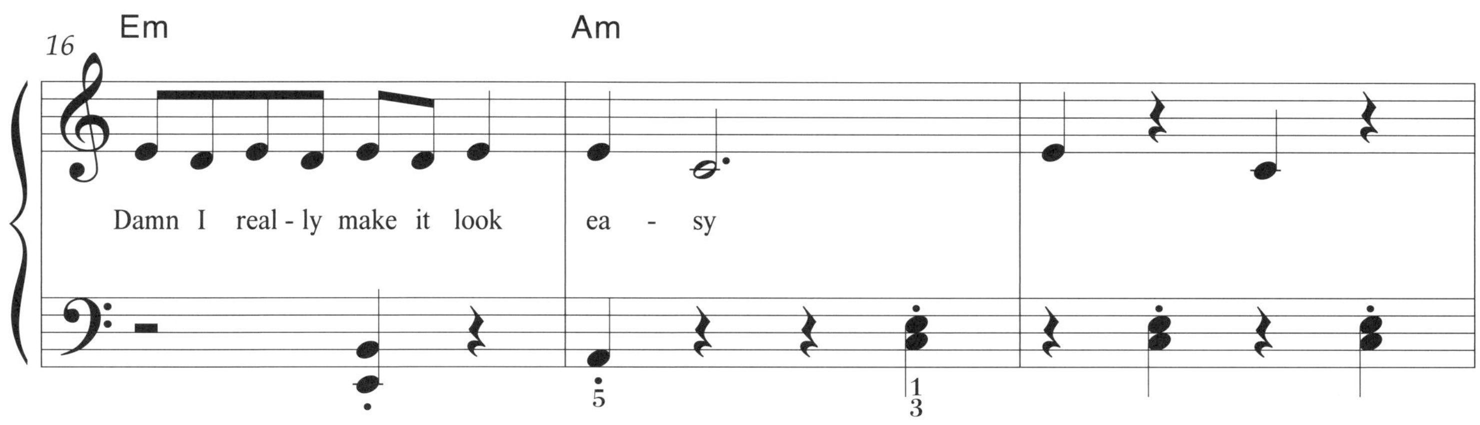
16
Em
Am
Damn I real - ly make it look   ea - sy

19
Dm
F
Yuh know that I make it look   ea - sy

22
F
Em
Am

Chill Kill

KENZIE 외 4명 **작사**
KENZIE 외 4명 **작곡**
레드벨벳(Red Velvet) **노래**

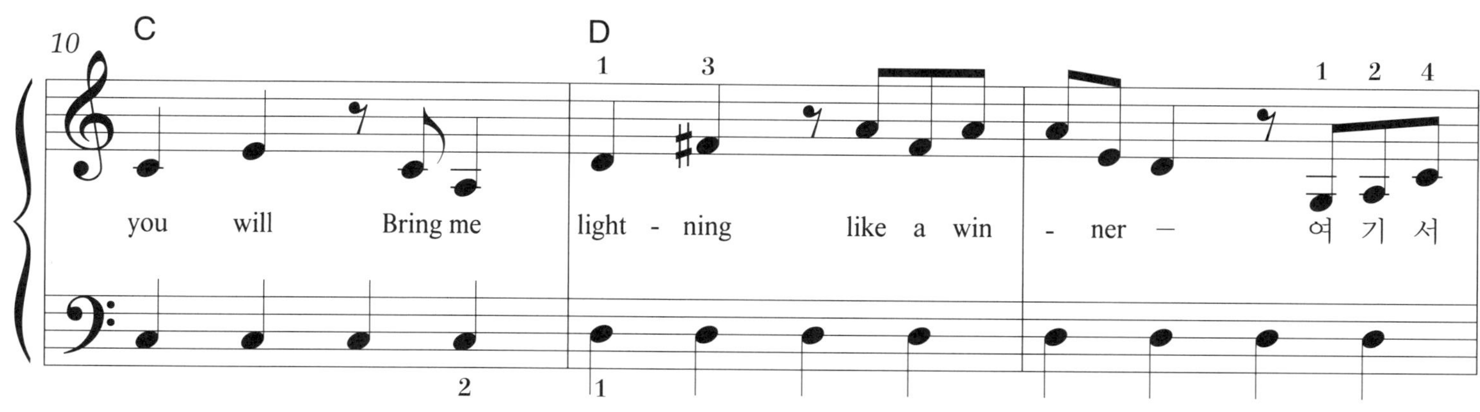
C
D
you will   Bring me   light - ning   like a win   - ner —   여 기 서

F
널   기   다   려   Ha - ppy   end - ing   으 로

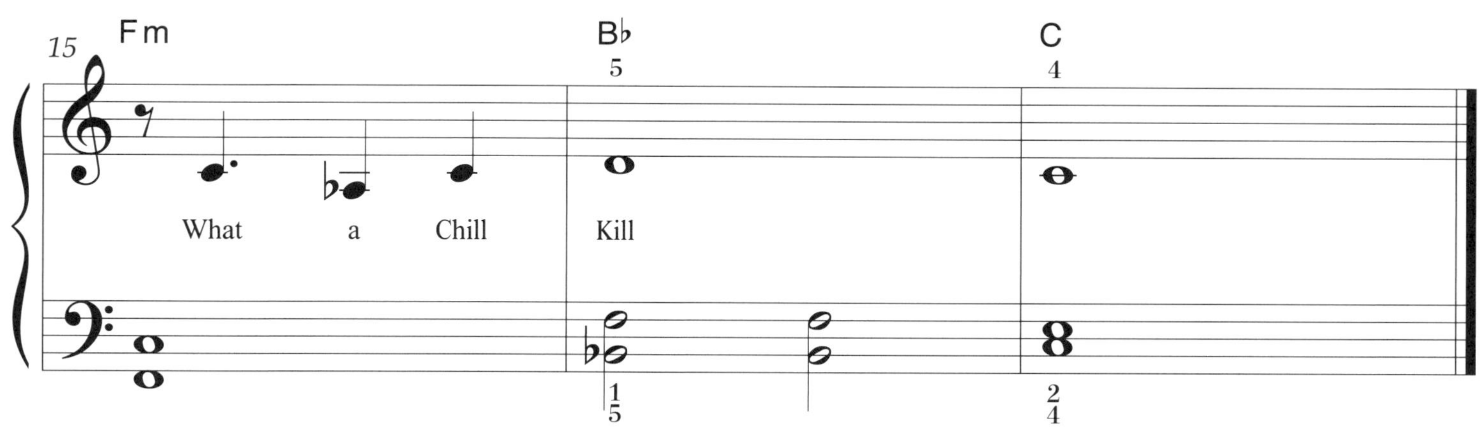
Fm
B♭
C
What   a   Chill   Kill

그대만 있다면

(여름날 우리 X 너드커넥션
(Nerd Connection))

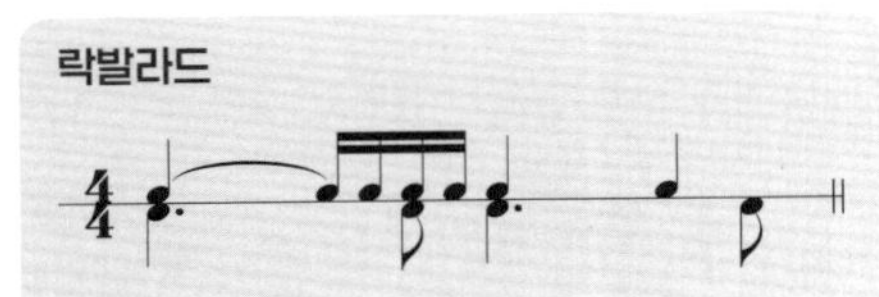

강현민 작사
강현민 작곡
너드커넥션(Nerd Connection) 노래

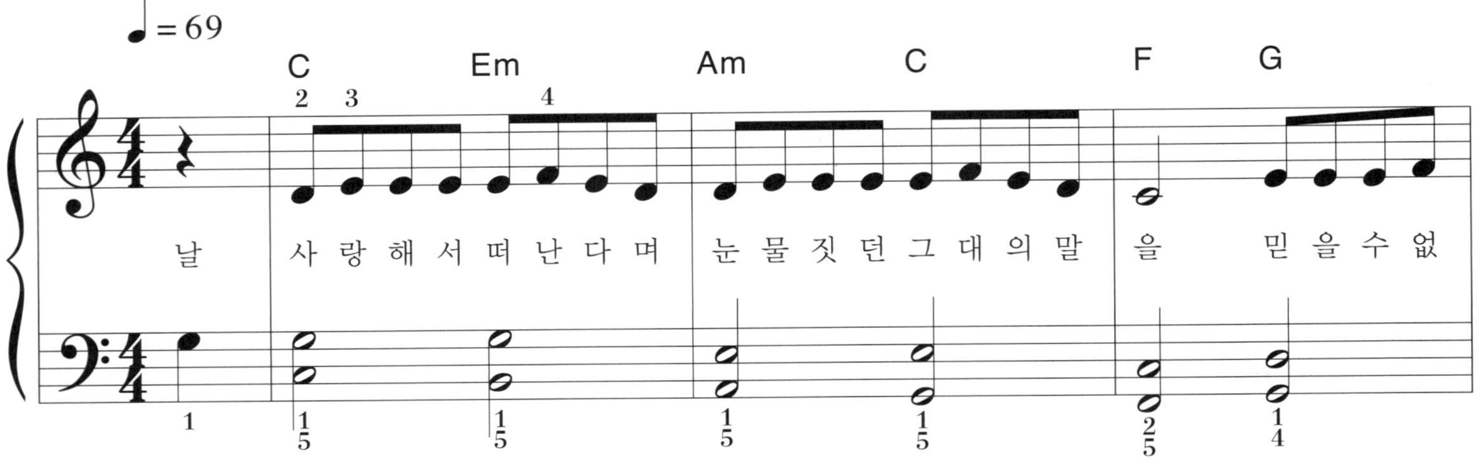

F   Fm   C
조금씩무너져가는날 – 날 위 한 다 면   이대로 내 곁에 있어

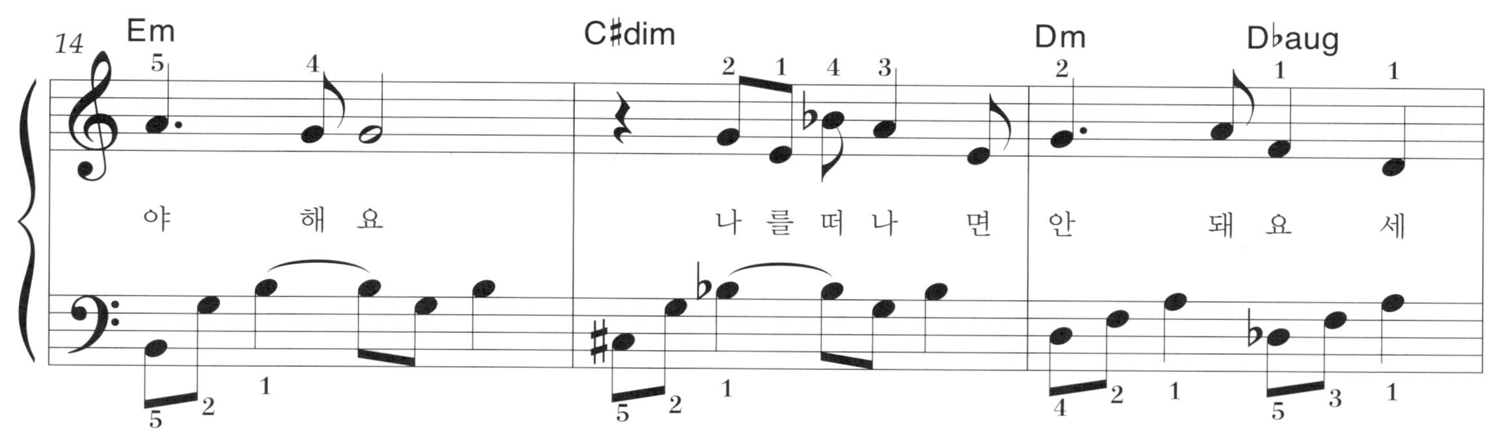

Em   C#dim   Dm   Dbaug
야 해 요   나를떠나면 안 돼 요 세

F   Fm   C   Am   F
상의 모든걸 잃 어 도괜찮아 요그 대만있다면   그

G   C   G   F   Fm   C
대 만 있 다 면

Bubble

전군 외 2명 **작사**
라도 외 1명 **작곡**
스테이씨(STAYC) **노래**

♩ = 132

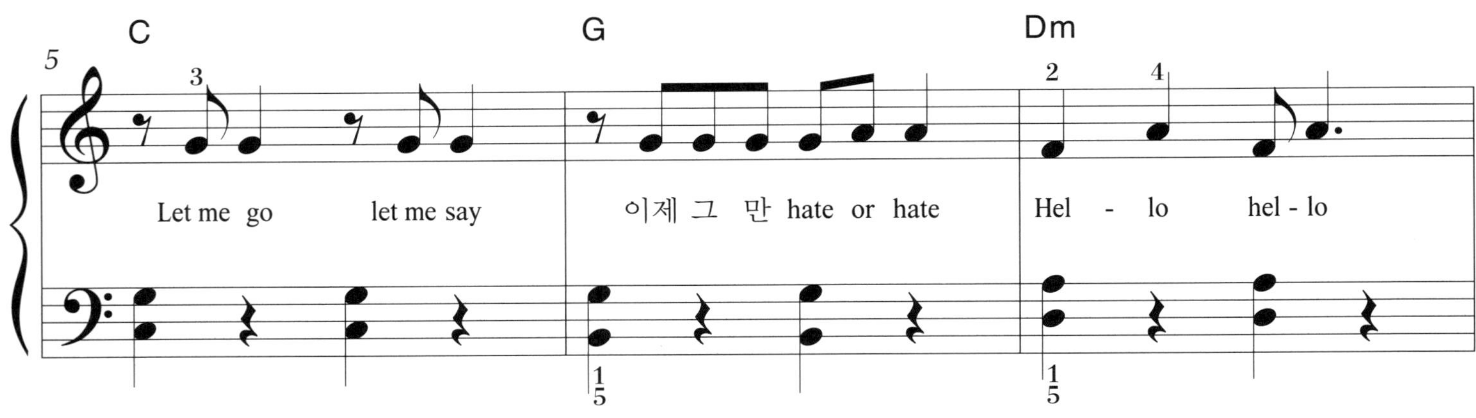

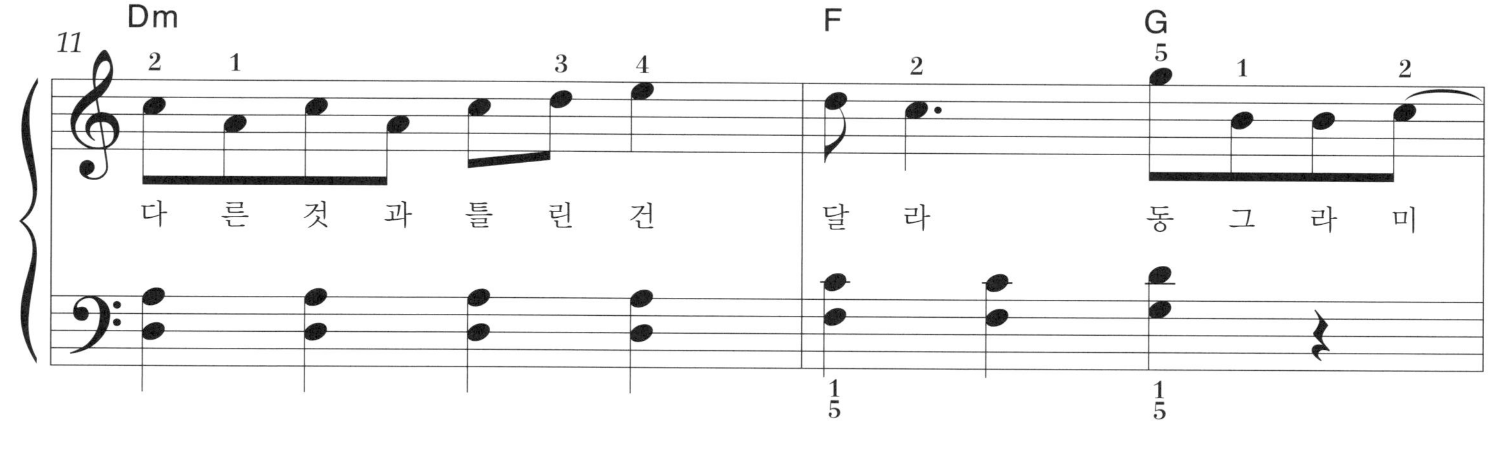

Dm
F
G
다 른 것 과 틀 린 건
달 라
동 그 라 미

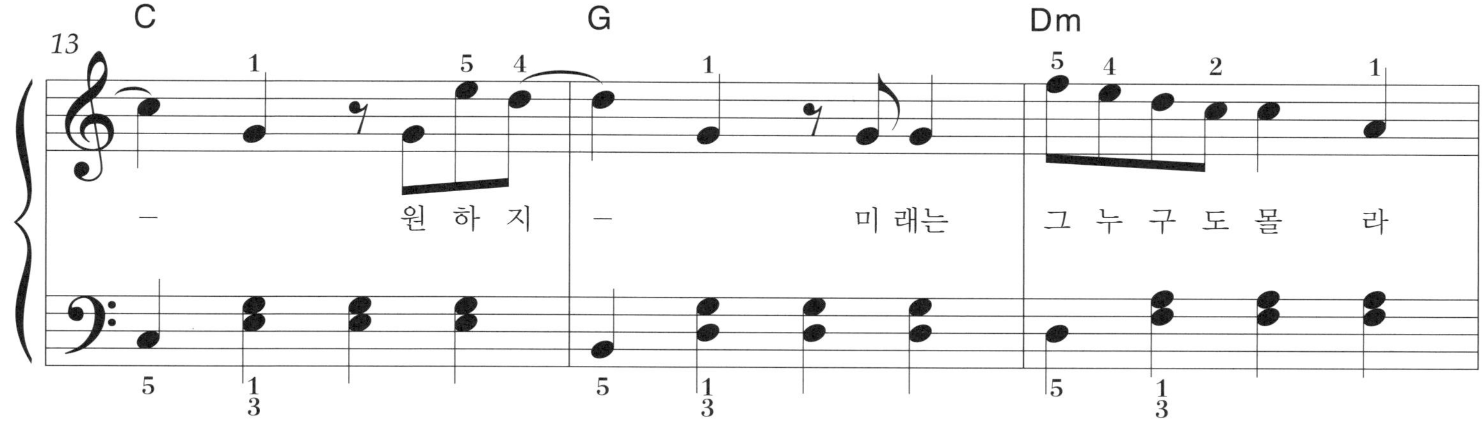

C
G
Dm
원 하 지
미 래 는
그 누 구 도 몰 라

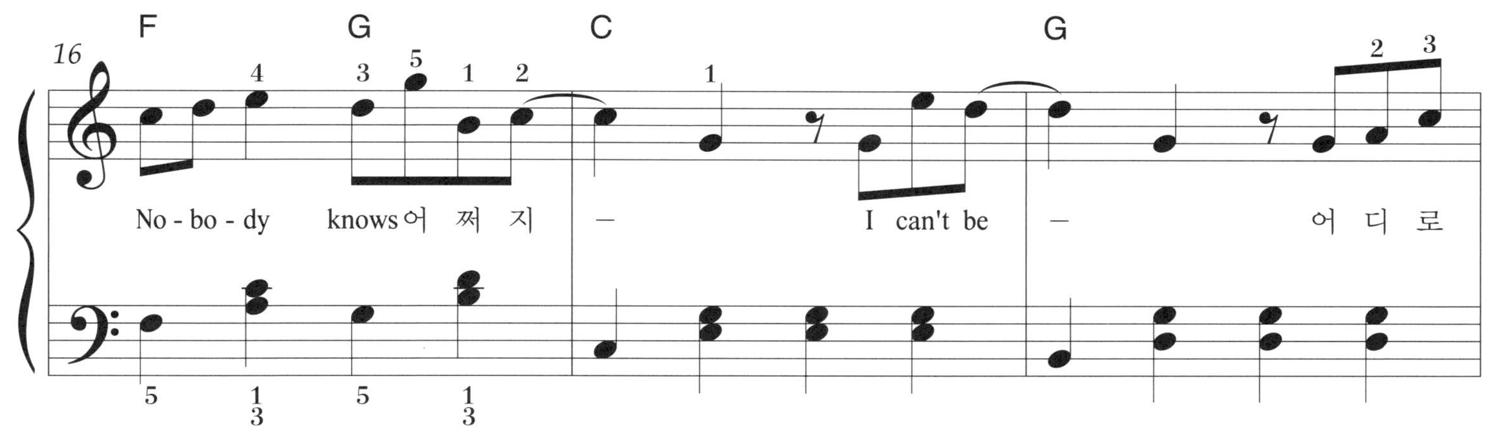

F
G
C
G
No - bo - dy knows 어 쩌 지
I can't be
어 디 로

Dm
F
G
C
튈 지 몰 라 Stu - pid
stop 잔 소 리 ㄴ Bubble Bubble Bub - ble

WAY 4 LUV

EL CAPITXN 외 3명 **작사**
EL CAPITXN 외 3명 **작곡**
플레이브(PLAVE) **노래**

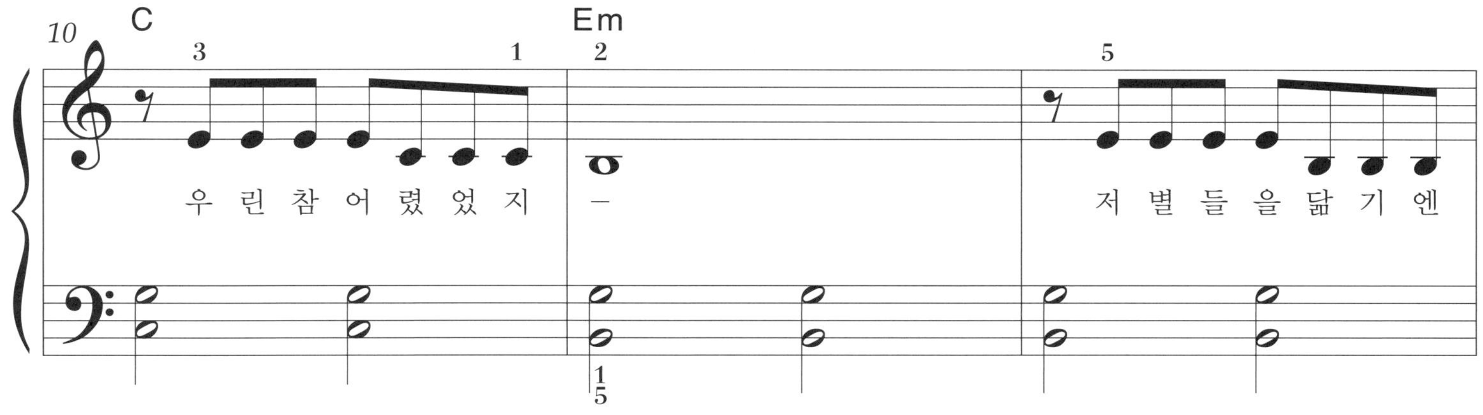

C
Em
우 린 참 어 렸 었 지 —
저 별 들 을 닮 기 엔

Dm
Fm
—
모 든 게 서 툴 렀 지 — Oh Yeah —

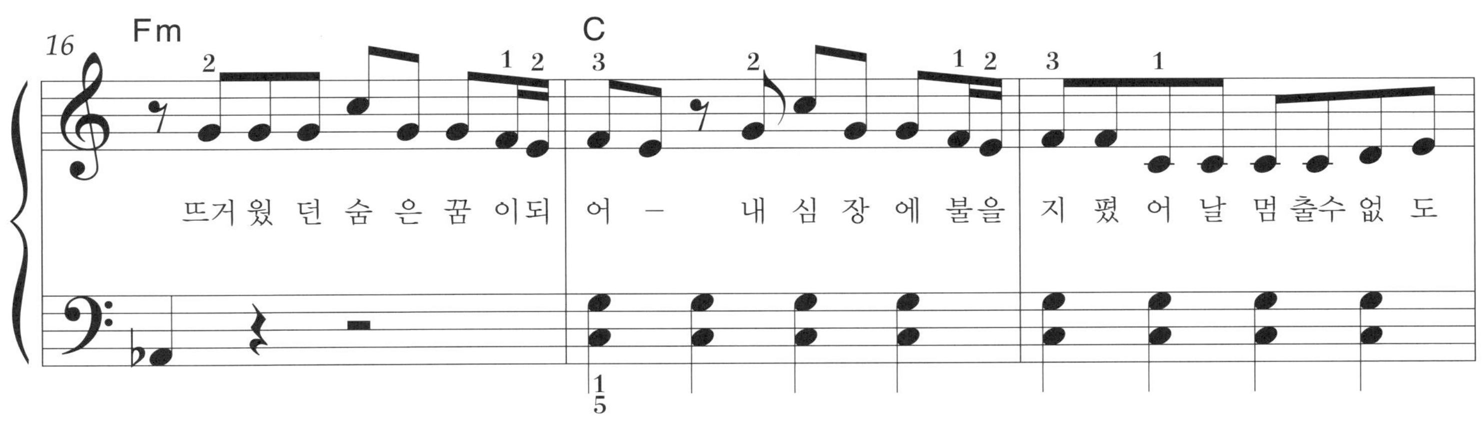

Fm
C
뜨 거 웠 던 숨 은 꿈 이 되 어 — 내 심 장 에 불 을 지 폈 어 날 멈 출 수 없 도

Em
Dm
록 더 욱 떨 어 져 가 는 폭 포 처 럼 내 몸 을 던 졌 어 그 속 에 피 어 난

Dm
Fm
Flo - wer   어 느   새 노을이지 – 고 있어   그 곳 으 로

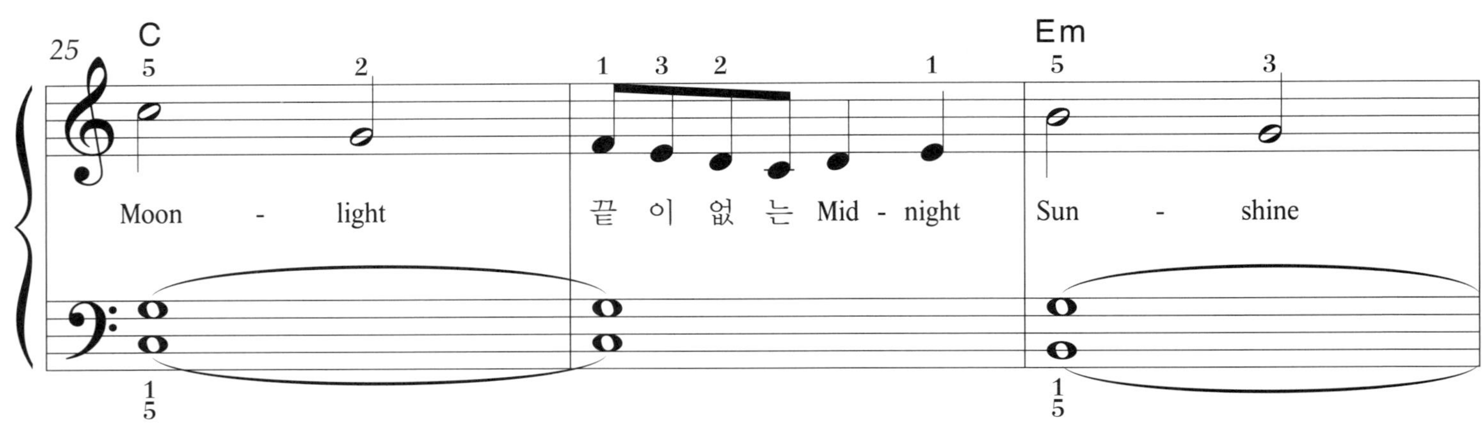

C
Em
Moon - light   끝 이 없 는 Mid - night   Sun - shine

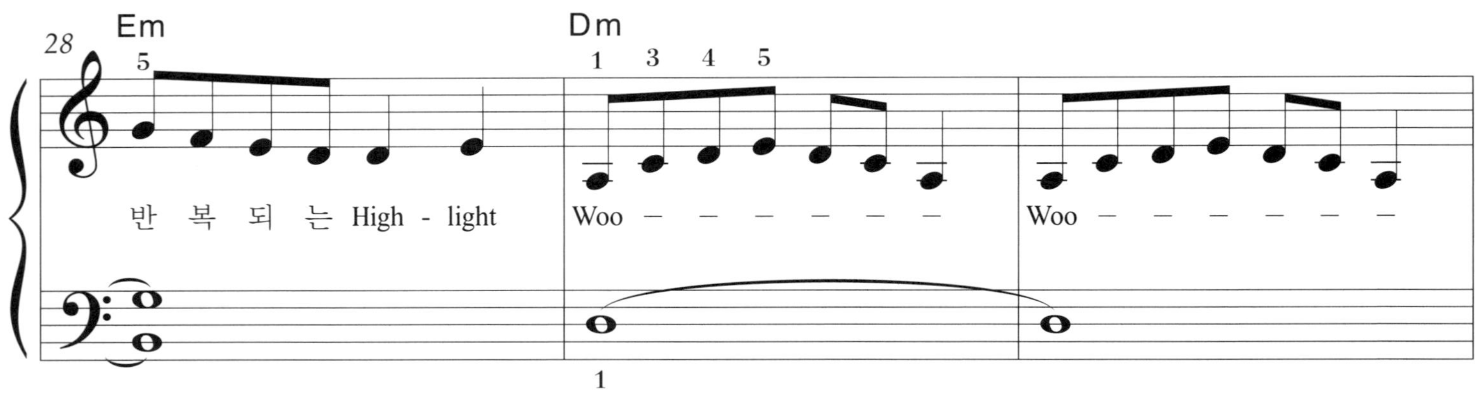

Em
Dm
반 복 되 는 High - light   Woo — — — — —   Woo — — — — —

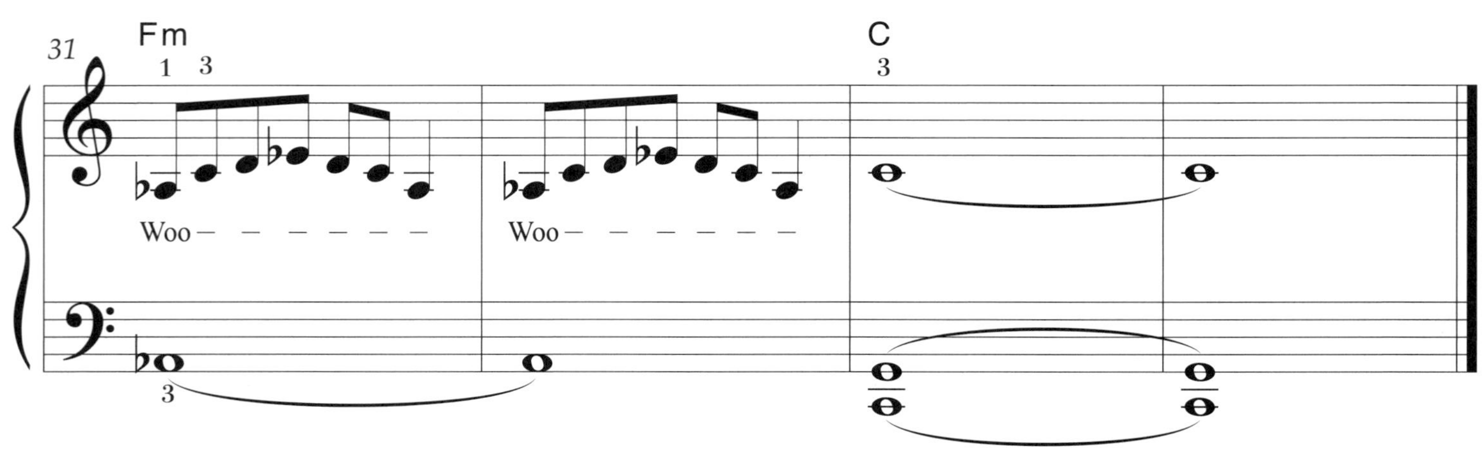

Fm
C
Woo — — — — —   Woo — — — — —

Welcome to the Show

Young K **작사**
Young K 외 3명 **작곡**
데이식스(DAY6) **노래**

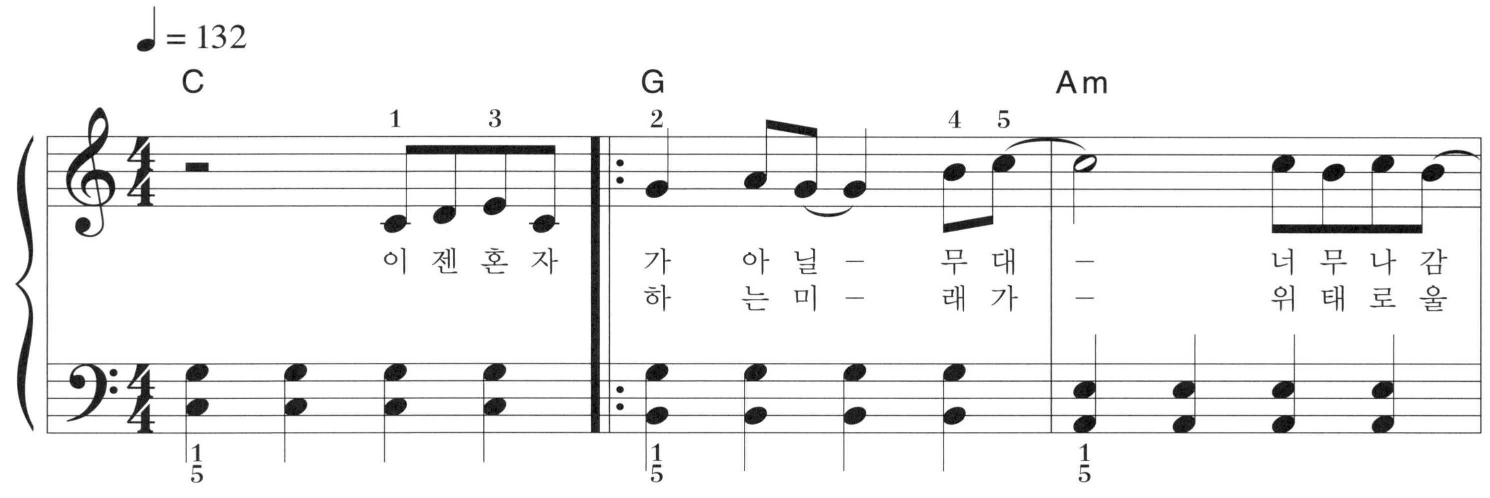

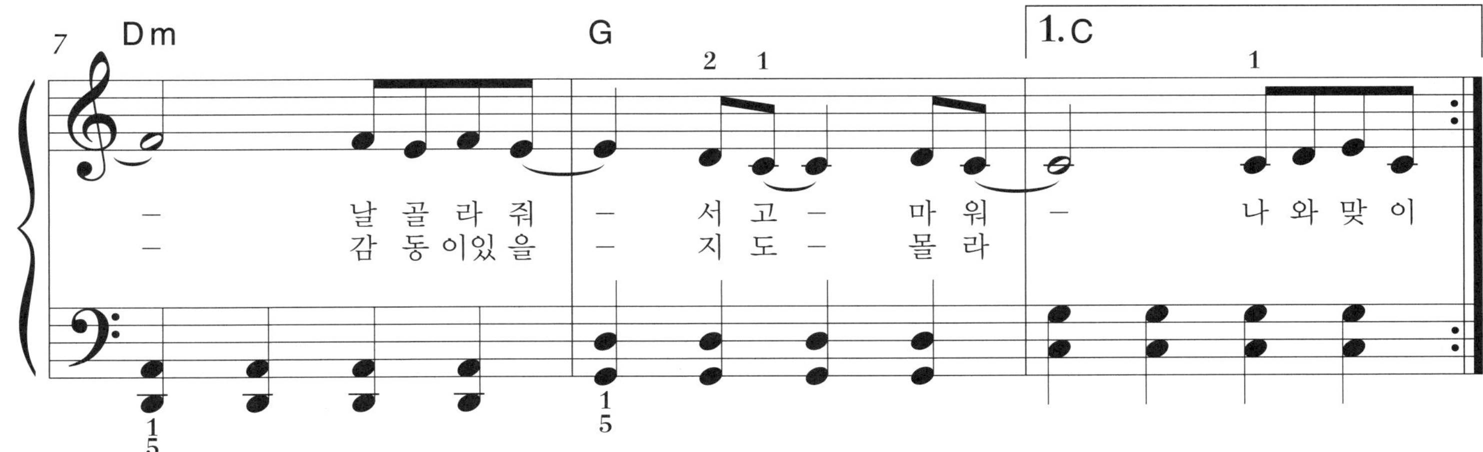

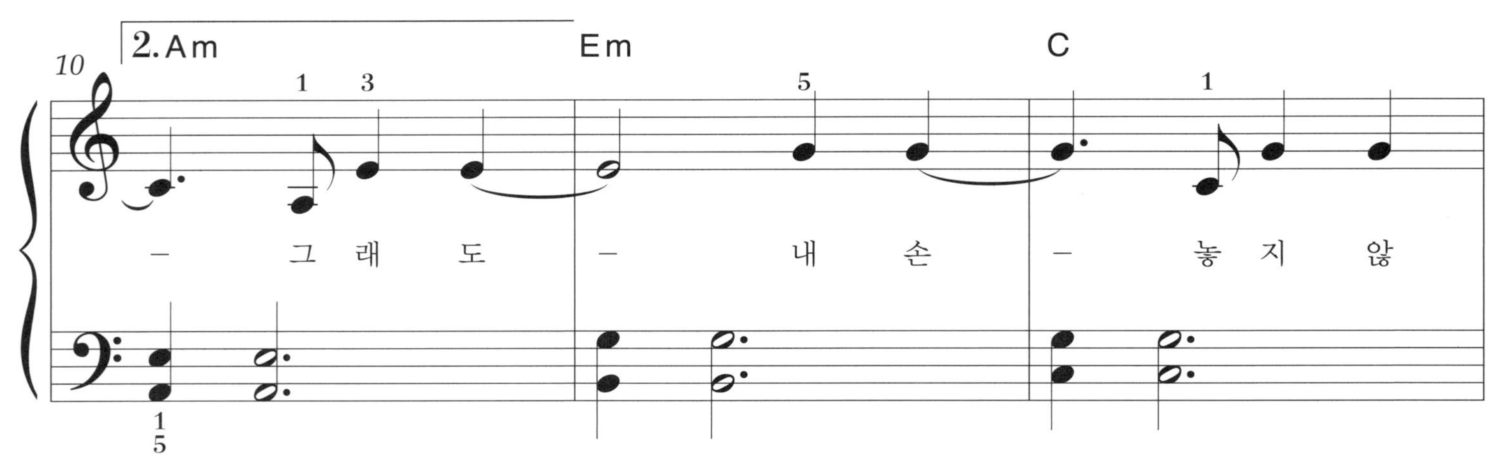

2. Am
Em
C
그 래 도
내 손
놓 지 않

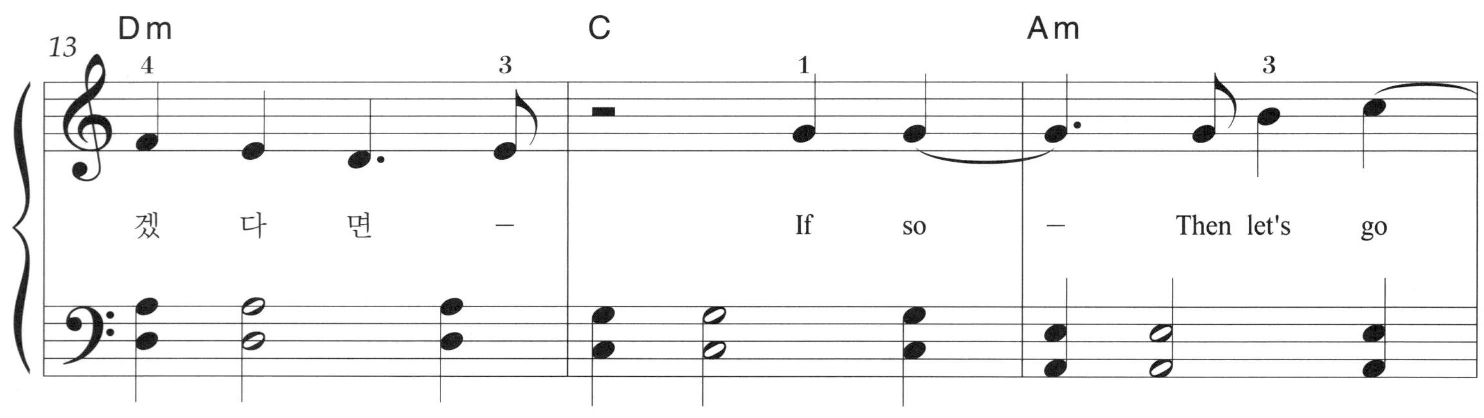

Dm
C
Am
겠 다 면
If so
Then let's go

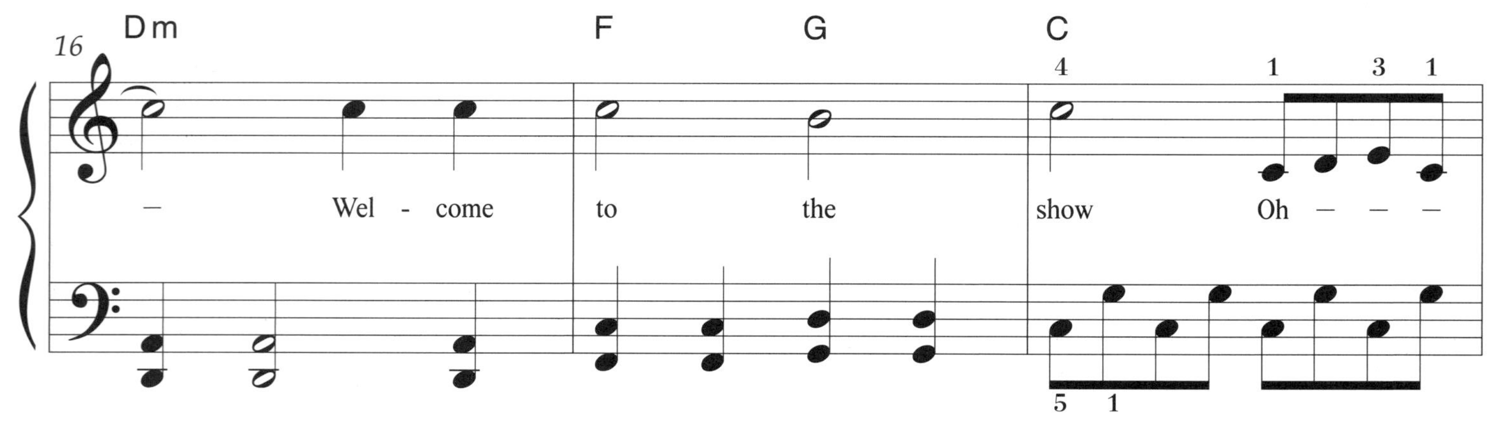

Dm
F
G
C
Wel - come
to
the
show
Oh

G
Am
Em
은 맹세 — 할 게 — Oh — — — 내 전 부 를 다 바 — 칠 게
F
C
Dm
Oh — — 네 눈 빛 흔 들 — 리 지 — 않 게 — 널 바 라 보 며
G
1. C
2. C
— 서 있 — 을 이 것 만 큼 게

나는 아픈 건 딱 질색이니까

소연 작사
Pop time, Daily, 라경 외 1명 작곡
(여자)아이들((G)I-DLE) 노래

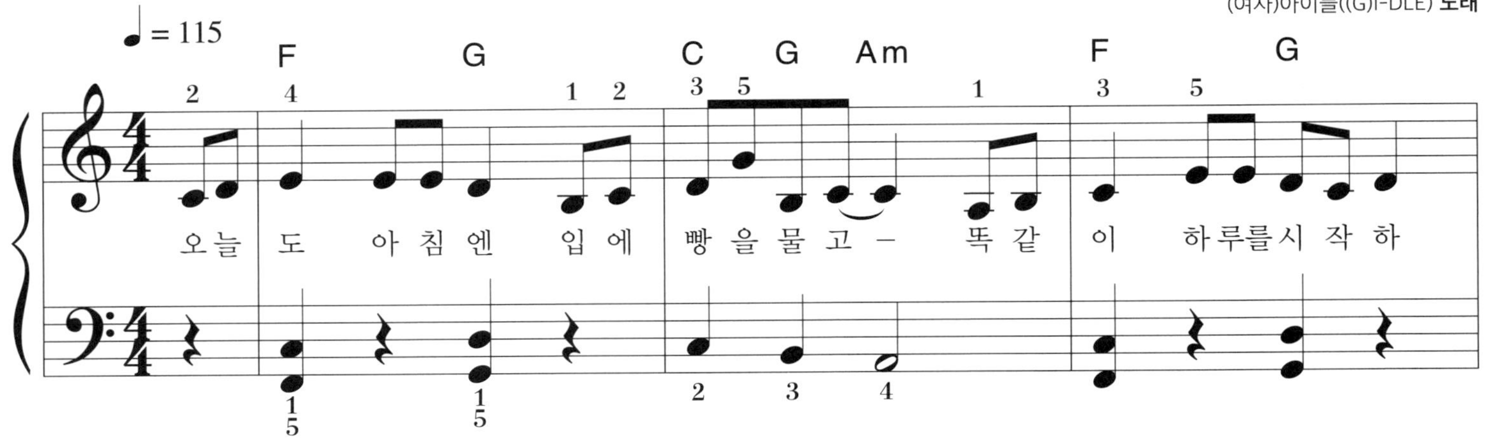

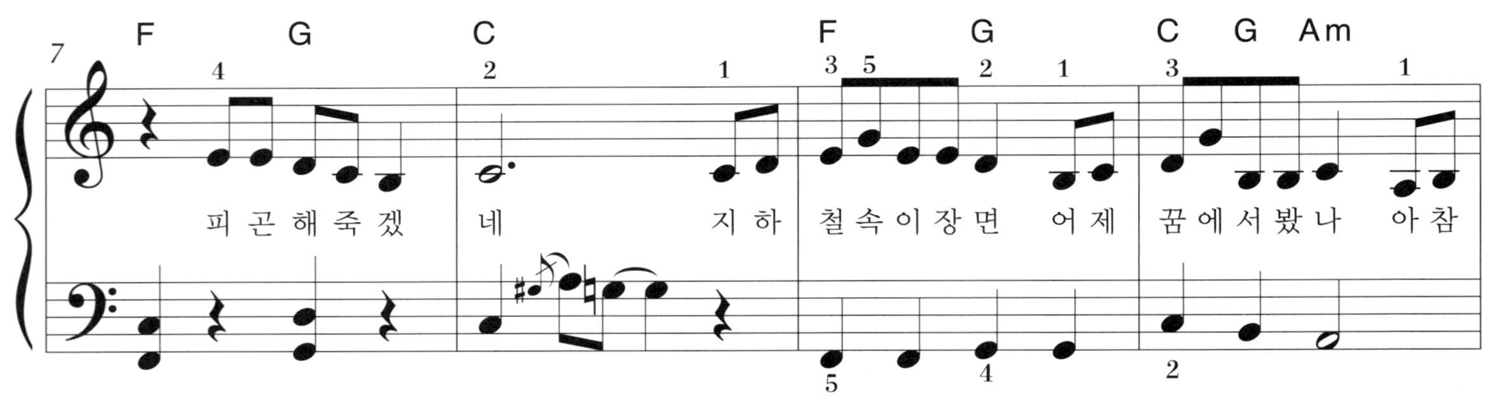

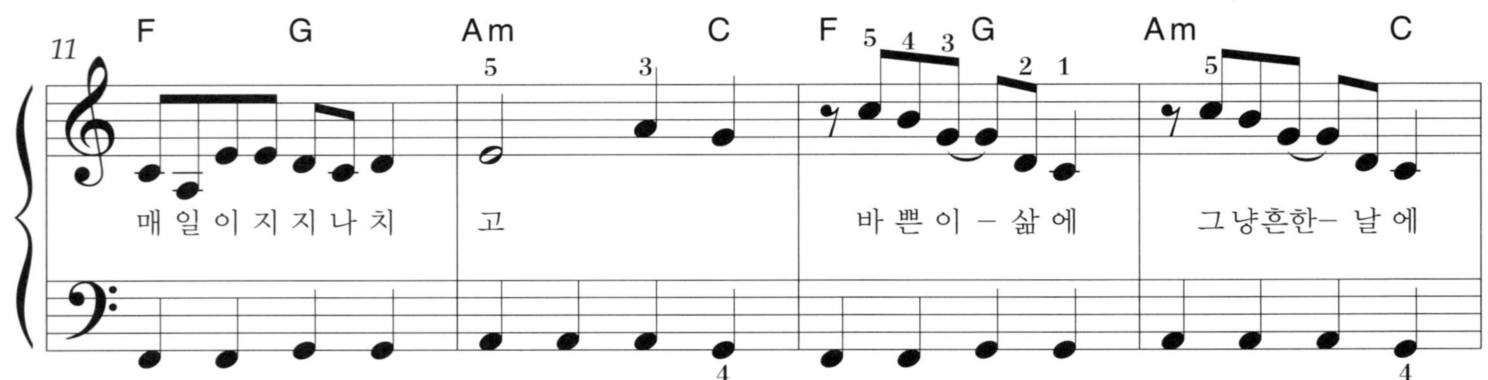

F G Am F E Am G
그 애를 보고말 야 평온했던 하 늘 이 무 너지 고 어둡던
F E Am C F Em Am G
눈 앞이 붉 어지 며 뭔 가 잊고온게 있 는 것같아- 괜히이
F Em Am C F Em
상 하게막 울 것만 같고 - 그 냥 지 나 치 는
Am G F Em Am
게나을것같아- 나는 생 각 은 딱 질 색 이 니 까 -

1조

이찬혁 **작사**
이찬혁 외 2명 **작곡**
이찬혁(LEE CHANHYUK) **노래**

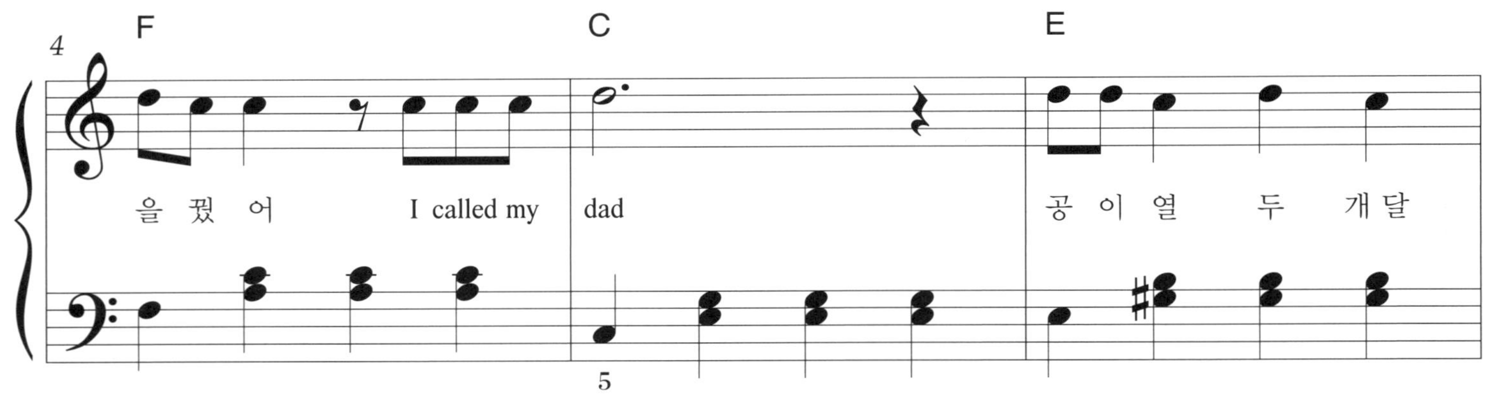

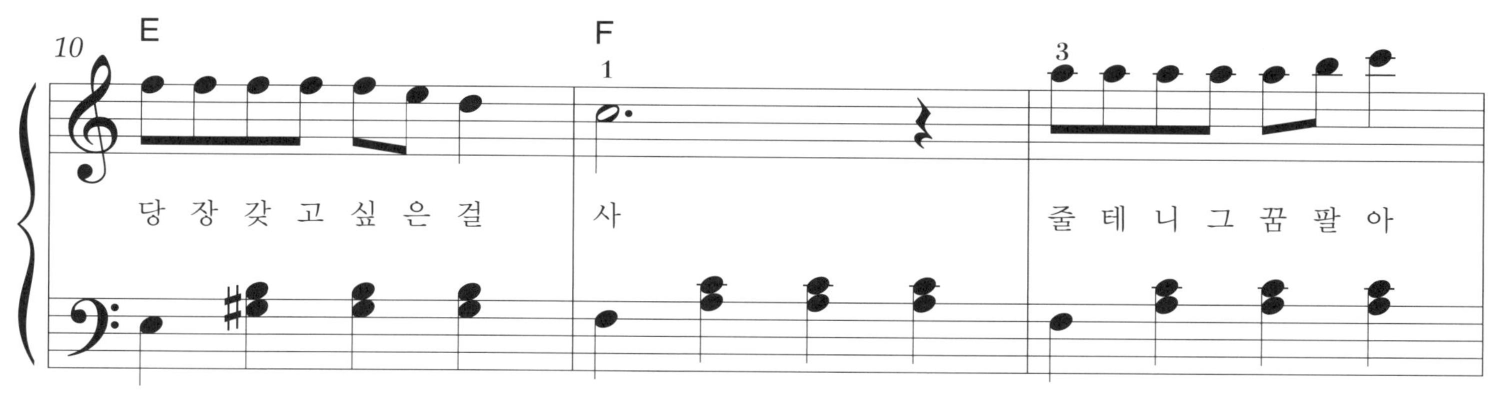

E   F
당 장 갖 고 싶 은 걸   사   줄 테 니 그 꿈 팔 아

C   E   F
라   아 들 내 게   I   real - ize

C   E   F
what   꿈 이 아 니   라   가 만 이 거 들 고 보 니   예 언 인 가

F
C
E
봐   I think a hun-dred   times   기 막 히 잖   아   잠 깐 아 빠

F
Dm
이 건 못   팔 것 같아   요   Cuz it will   come   true   true   true

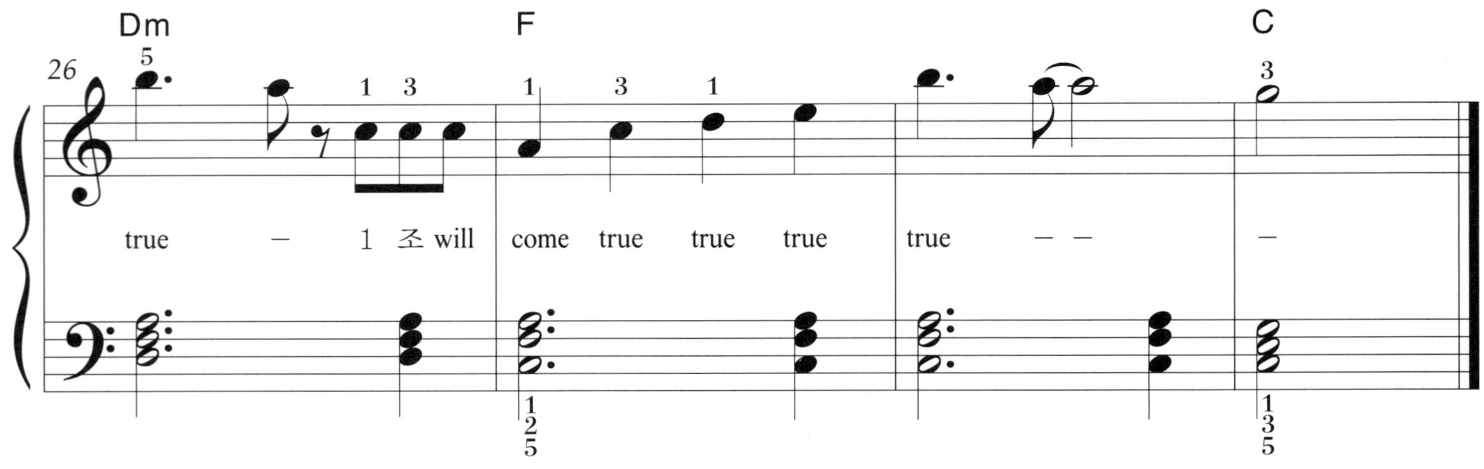

Dm
F
C
true   —   1 조 will   come   true   true   true   true   —   —   —

Magnetic

Slow Rabbit, Martin 외 13명 **작사**
Slow Rabbit, Martin 외 13명 **작곡**
아일릿(ILLIT) **노래**

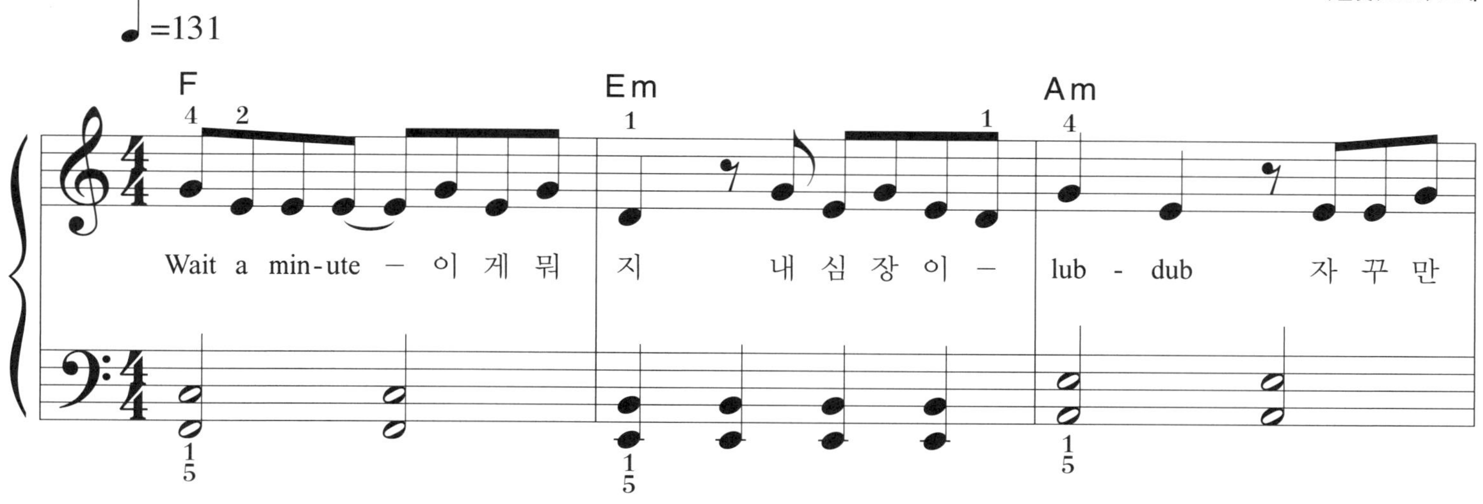

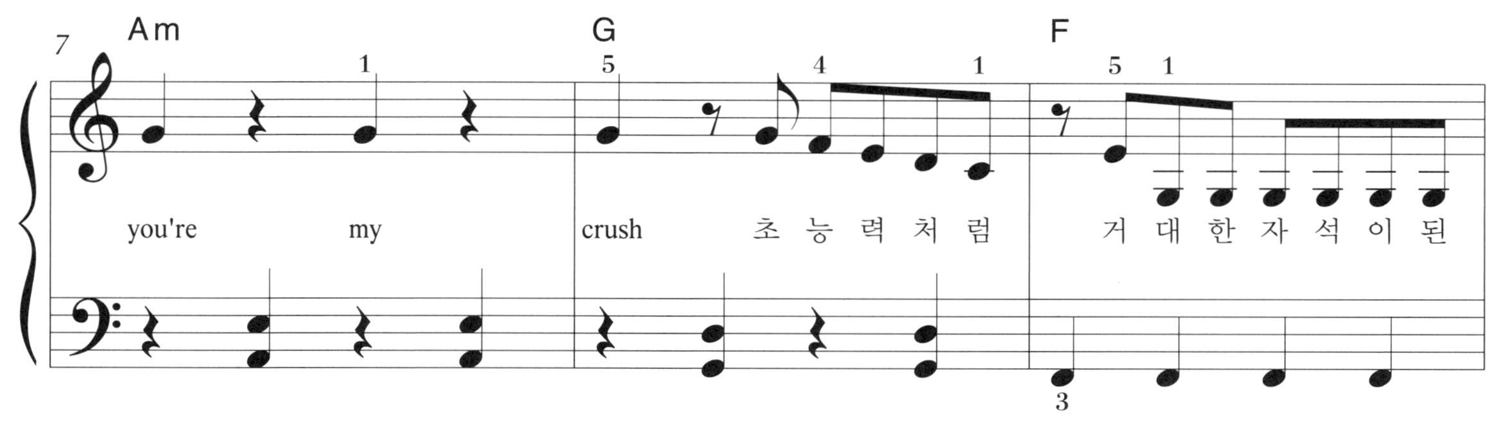

Em
Am
G
것 만 같 아 my — heart
네 모 든 게 내 맘 에
달 라 붙 어 버 려 —

F
E
Am
boy — We're mag - net - ized
인 정 — 할 게 —

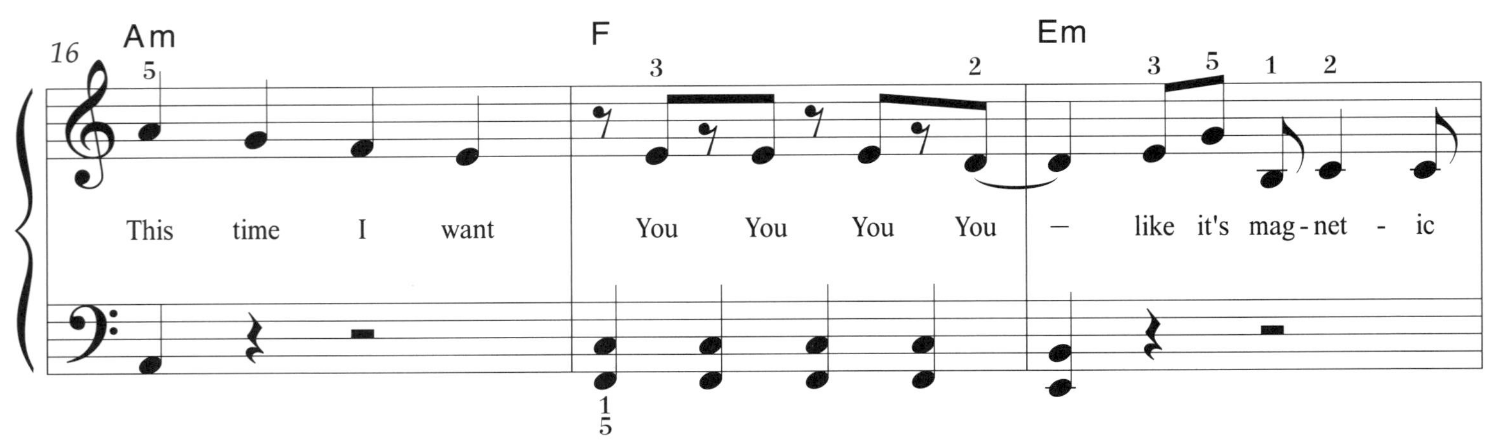

Am
F
Em
This time I want
You You You You — like it's mag - net - ic

Am   G   F   Em
U U U U U U U U — su-per 이 끌 림   You You You You — like it's mag - net - ic

Am   G   F   Em
U U U U U U U U — su-per 이 끌 림   BAE BAE BAE BAE BAE BAE BAE BAE BAE

Am   G   F
Dash -da - da Dash-da - da   Dash -da Like it's mag - net - ic   BAE BAE BAE BAE BAE BAE

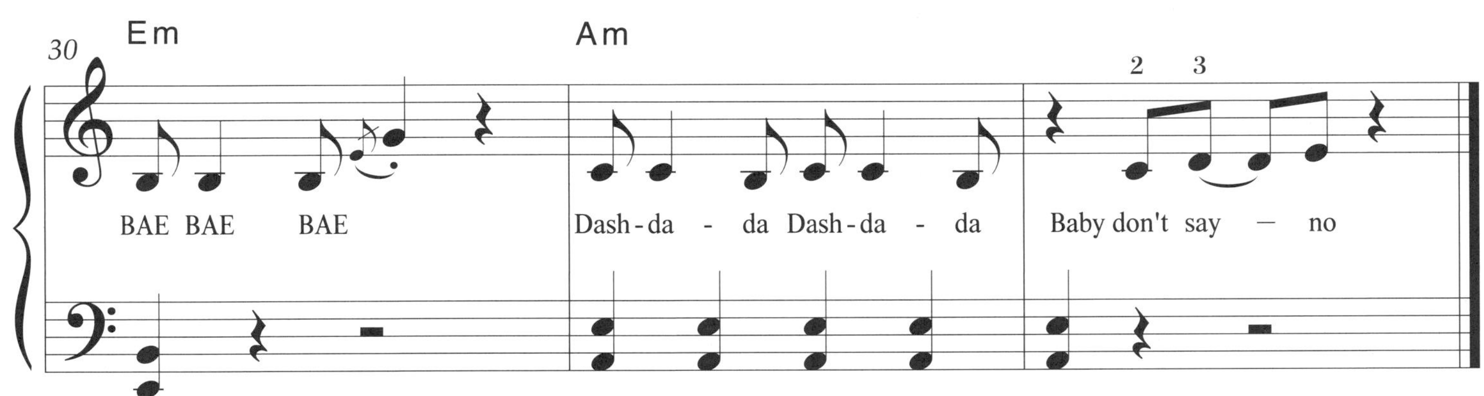

Em   Am
BAE BAE BAE   Dash-da - da Dash-da - da   Baby don't say — no

MANIAC

구여름 작사
TMM 외 5명 작곡
비비지(VIVIZ) 노래

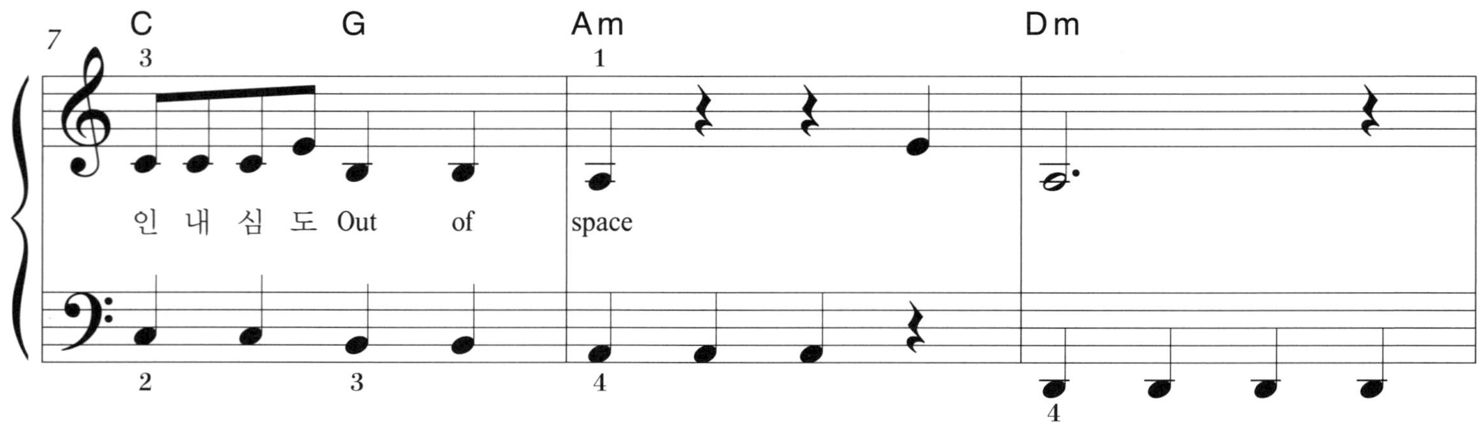

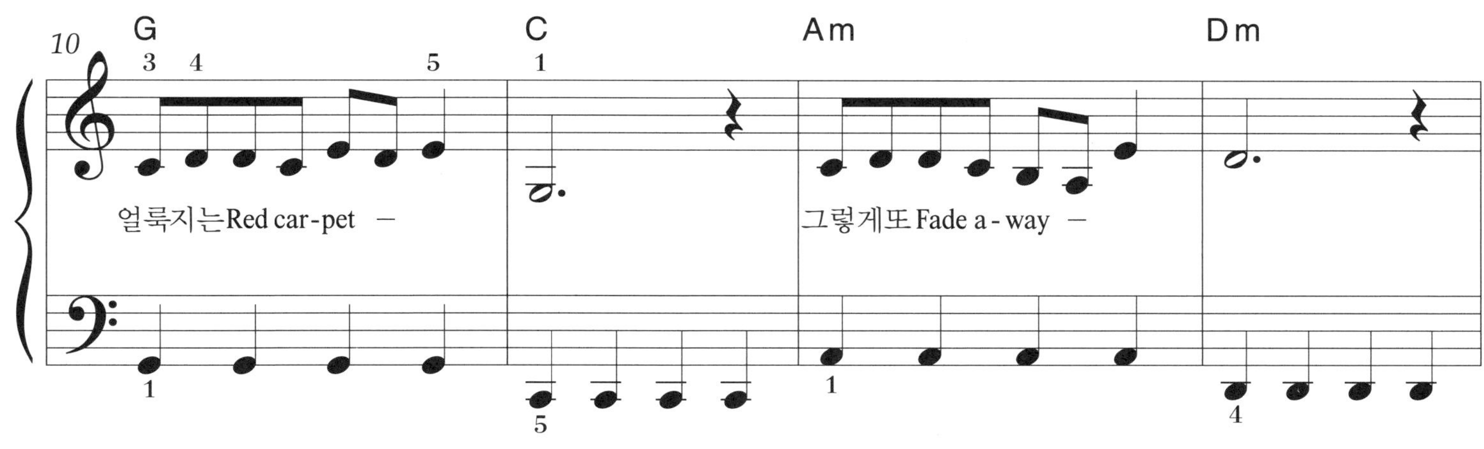

G   C   Am   Dm
얼룩지는 Red car-pet —
그렇게또 Fade a - way —

G   C   Am
치워 줘 Scar-red face —
끝 까지신경 쓰 여
This love is

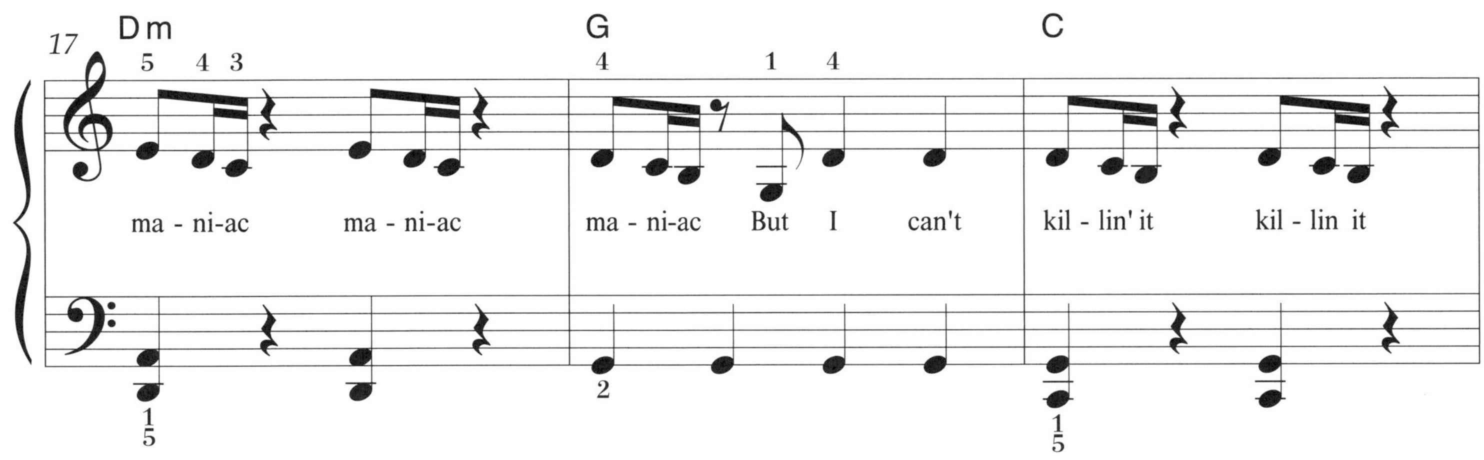

Dm   G   C
ma - ni-ac   ma - ni-ac
ma - ni-ac But I can't
kil - lin' it   kil - lin it

20
Am
Dm
G
kil - lin' it   사랑말고다른 말   론 －   설명할수없는 멜   로 －   It's

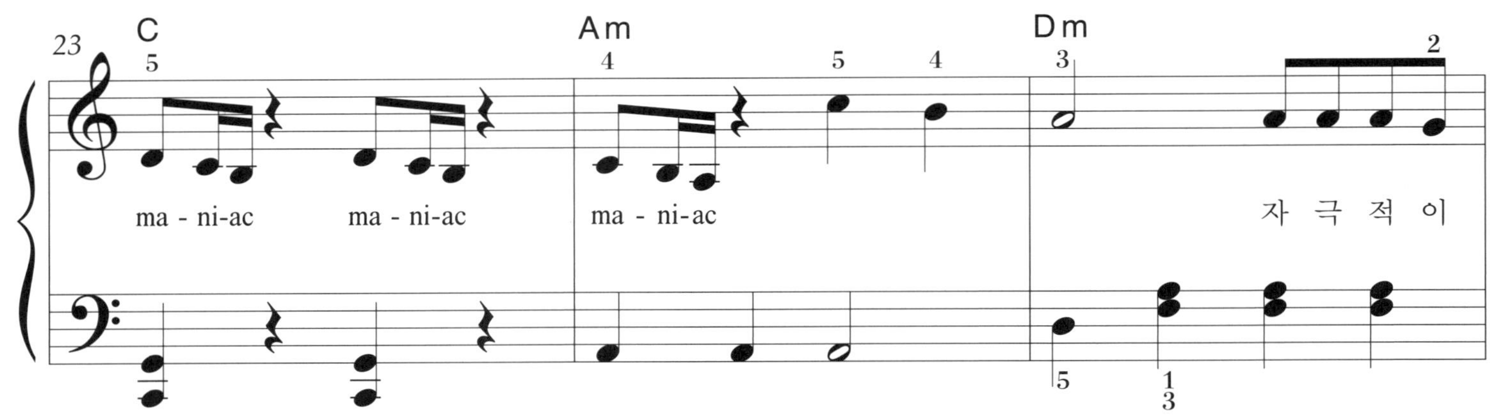

23
C
Am
Dm
ma - ni-ac   ma - ni-ac   ma - ni-ac   자 극 적 이

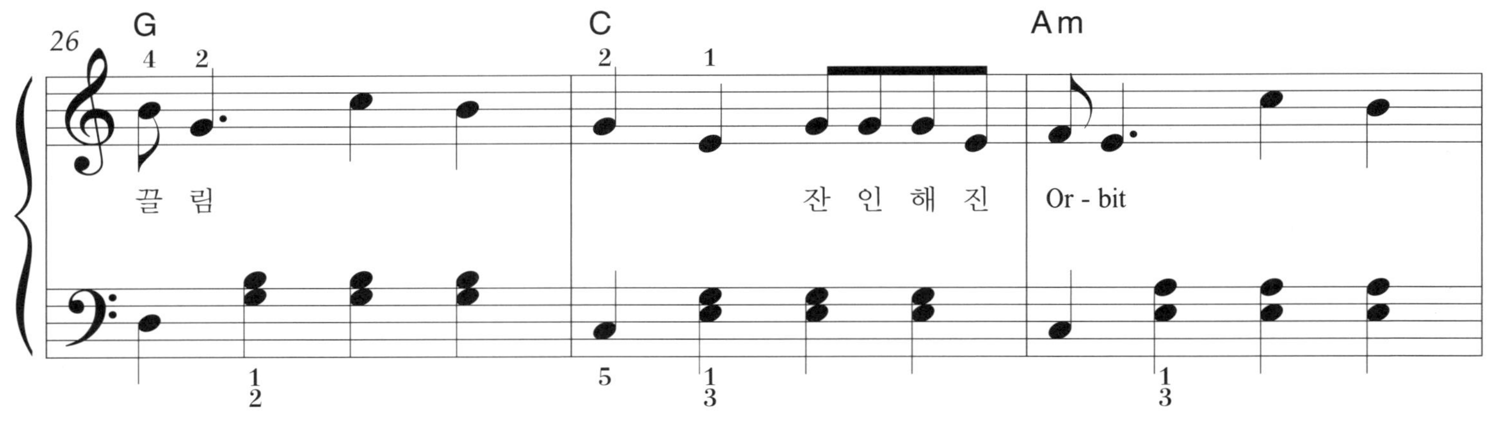

26
G
C
Am
끌 림   잔 인 해 진   Or - bit

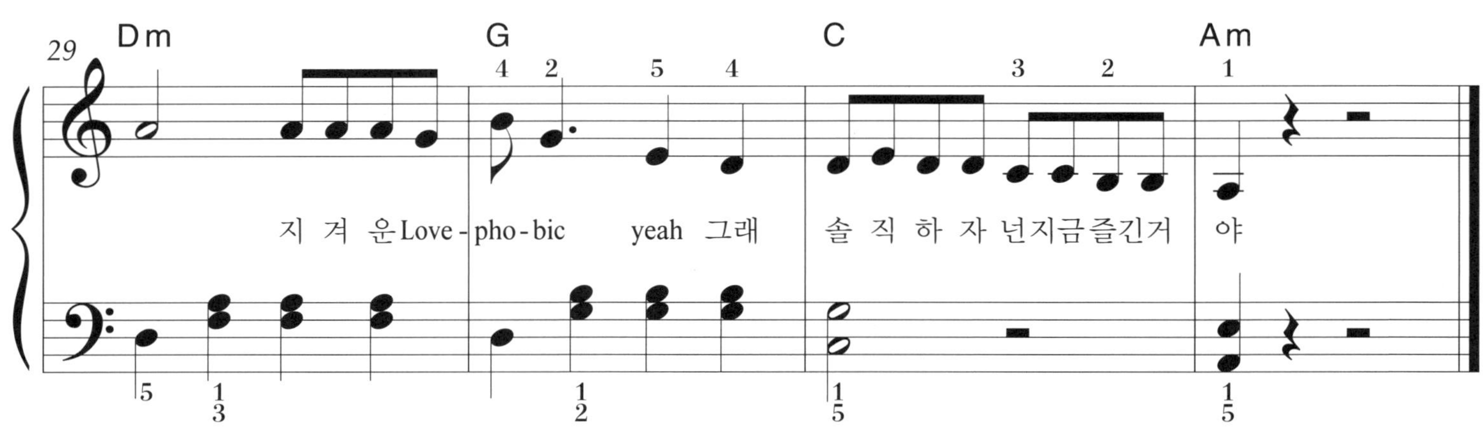

29
Dm
G
C
Am
지 겨 운 Love - pho - bic   yeah 그래   솔 직 하 자 넌지금즐긴거   야

Perfect Night

Megatone, 허윤진, Score 외 9명 **작사**
Megatone, 허윤진, Score 외 9명 **작곡**
LE SSERAFIM(르세라핌) **노래**

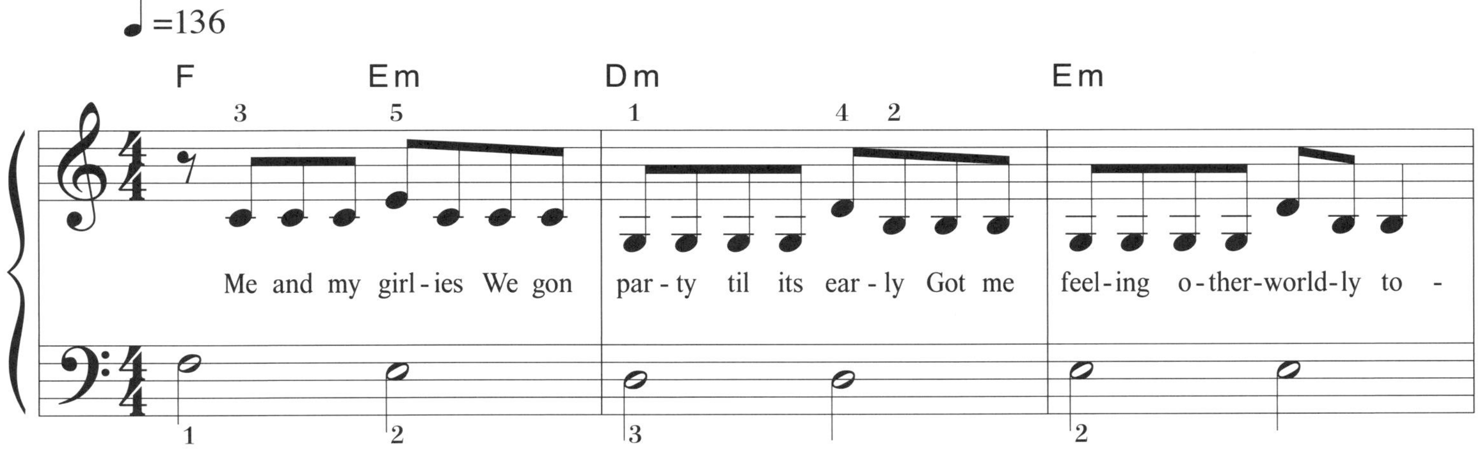

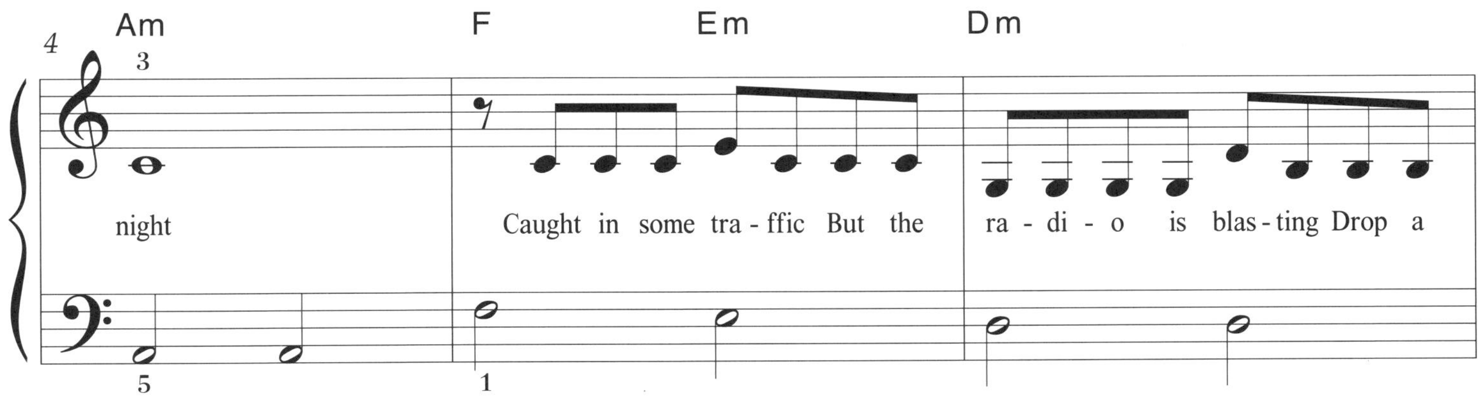

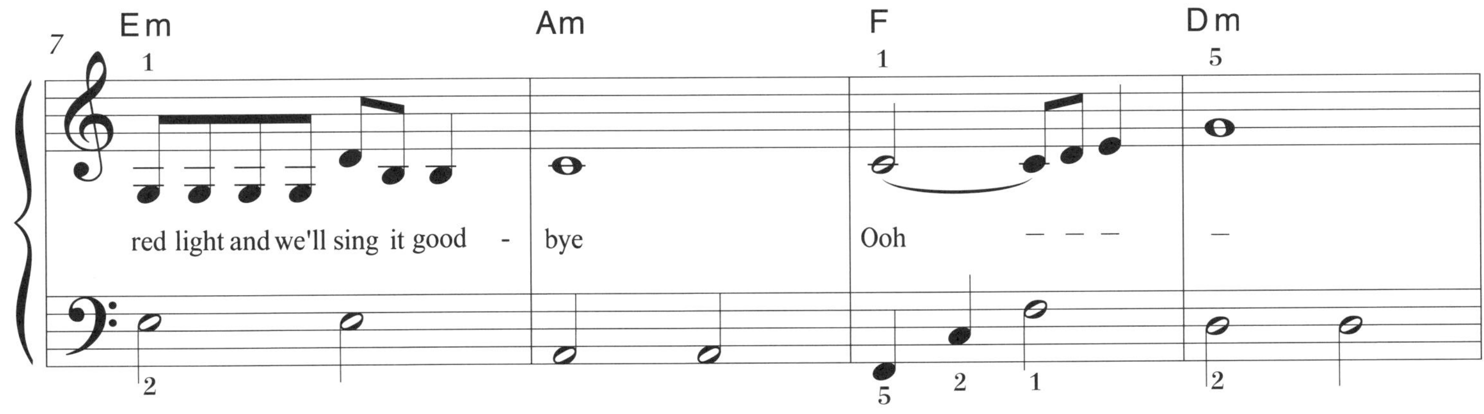

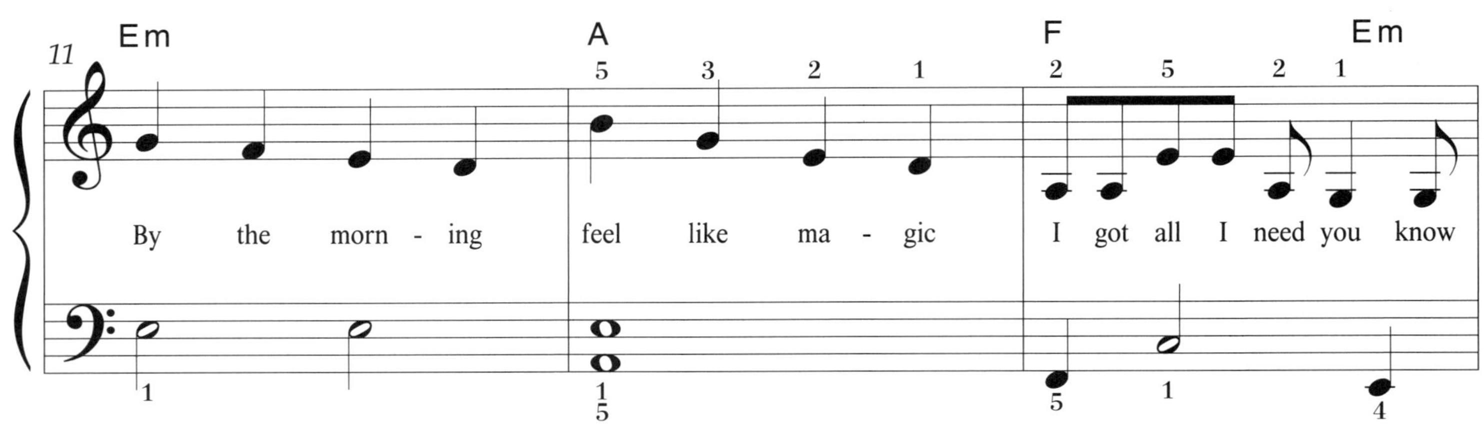

11
Em   A   F   Em
5 3 2 1   2 5 2 1
By the morn - ing feel like ma - gic I got all I need you know
1   1
              5
5 1 4

14
Dm   Em   A
5   2 4 2
noth-ing else can beat — The way that I feel when I'm danc - ing with my girls
5   1   5   5

17
F   Em Dm   Em
2   1   5
Per-fect e - ner - gy yeah we flaw-less yeah we free — There's no bet - ter feel-ing in the
5 1 4 5 1 5

A   F   Em   Dm   Em
whole wide — world To - night   I don't care what's wrong or right

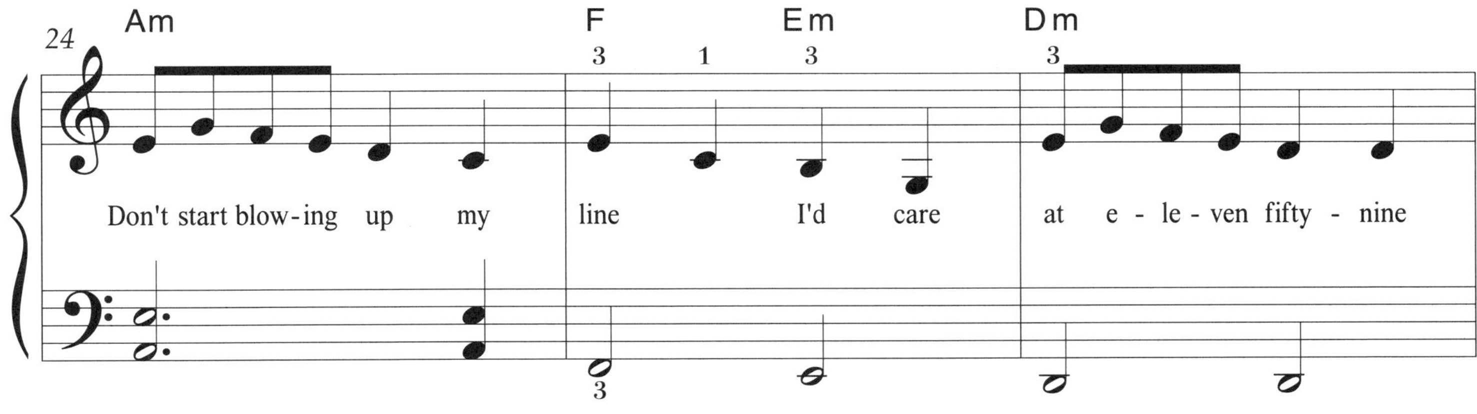

Am   F   Em   Dm
Don't start blow-ing up my   line   I'd   care   at e - le - ven fifty - nine

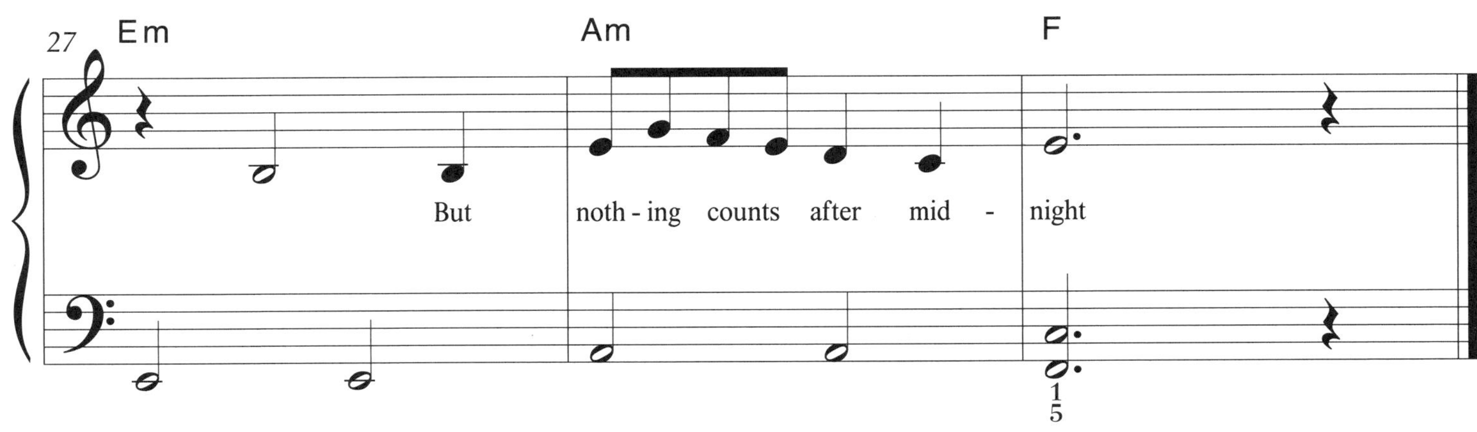

Em   Am   F
But   noth-ing counts after mid - night

퀸카

(Queencard)

소연 작사
Pop time, Daily, 라경 외 1명 작곡
(여자)아이들((G)-IDLE) 노래

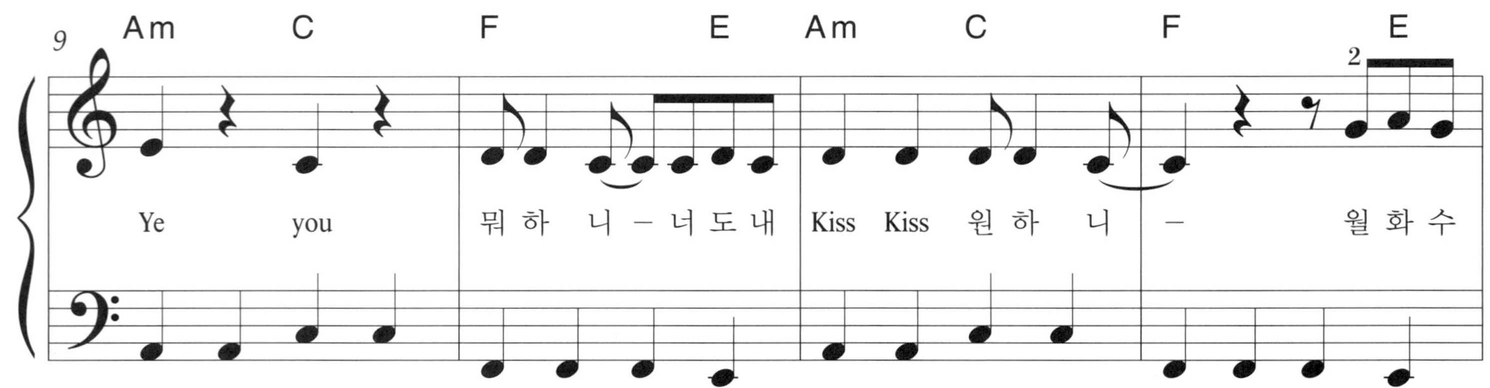

목 금 토 일 미 모 가 쉬
지 를 않 네 – 머 리 부
터 발 끝 까 지 눈 부 셔

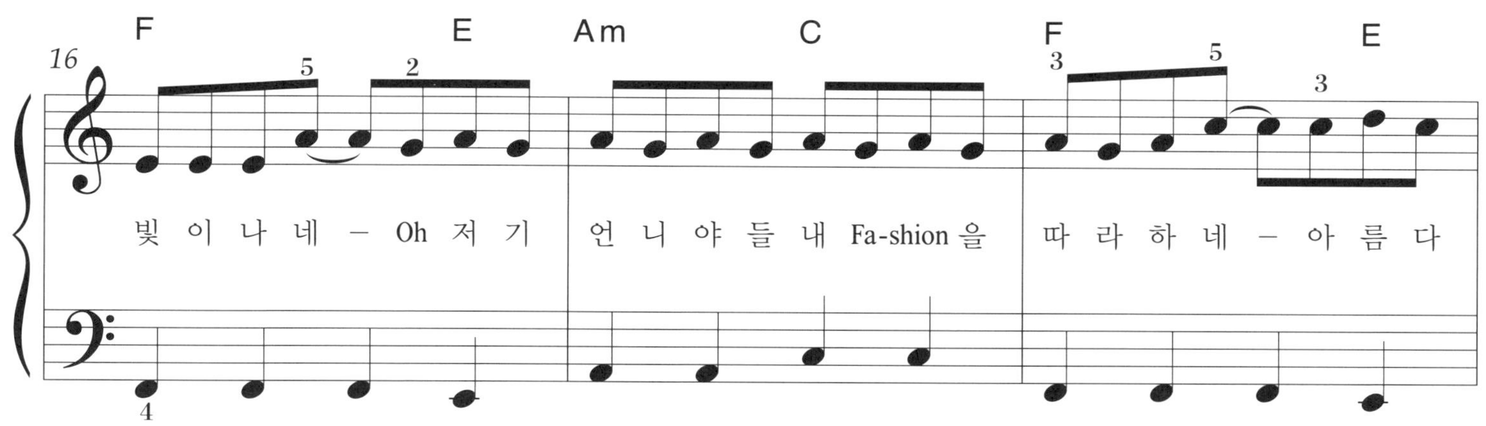

빛 이 나 네 – Oh 저 기
언 니 야 들 내 Fa-shion 을
따 라 하 네 – 아 름 다

운 여 자 의 하 루 는 다
아 름 답 네 –
이 Par - ty 에

22
Am   Dm   G
준 비 된 Birth-day cake   태 어 나 서   감 사 해 E - very day

25
E   Am   Dm
I don't need them 그 래   내 가 봐 － 도 － 난 －

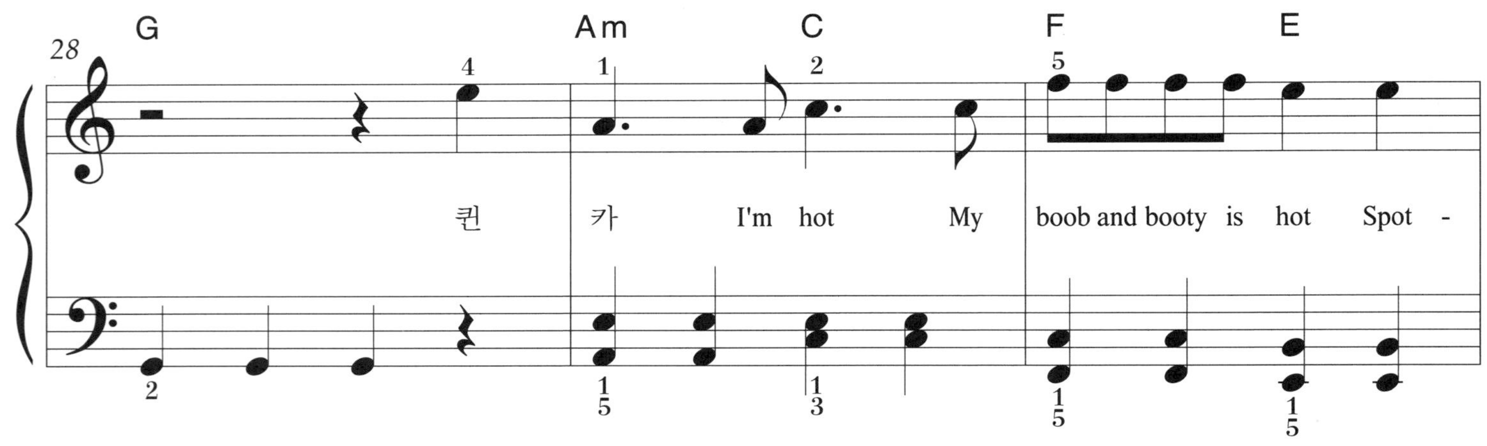
28
G   Am   C   F   E
퀸   카   I'm hot   My boob and booty is hot Spot -

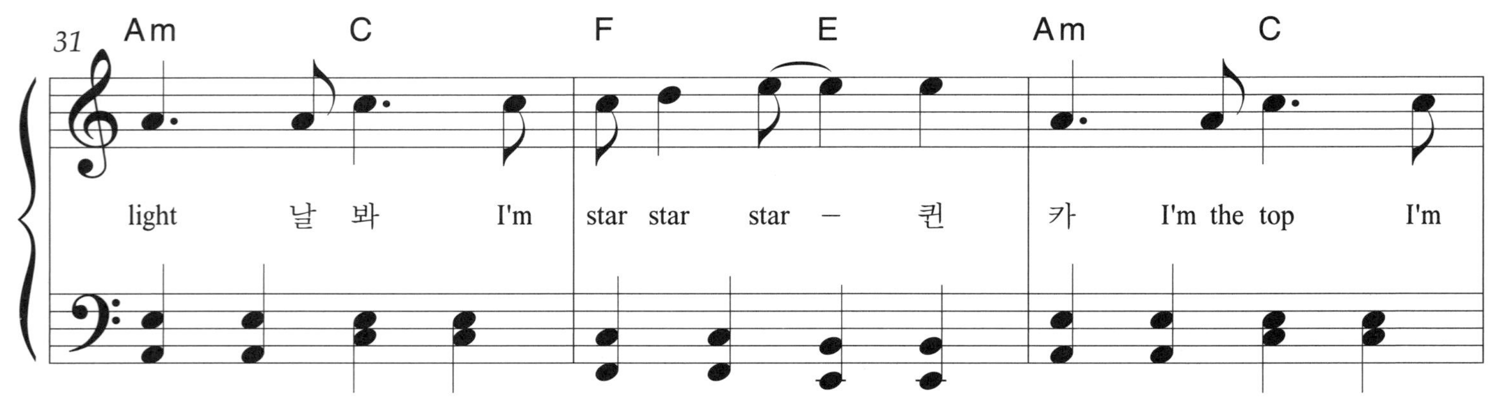
31
Am   C   F   E   Am   C
light   날 봐   I'm star star star － 퀸   카   I'm the top   I'm

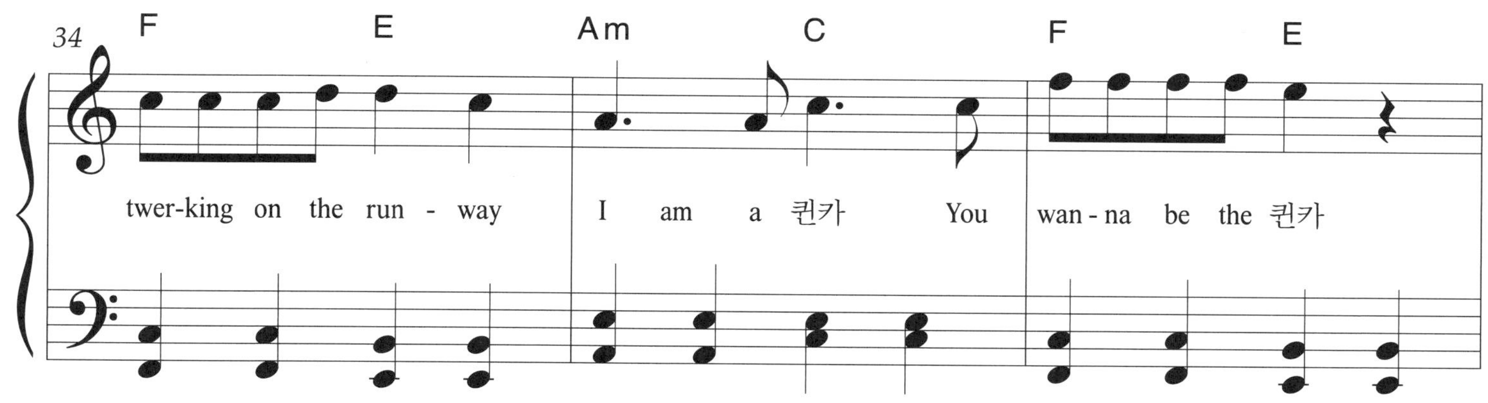
34
F   E   Am   C   F   E
twer-king on the run - way   I   am a 퀸카   You   wan - na be the 퀸카

37
Am   F   E   Am
I'm a 퀸 카 I'm a   퀸 카 I'm a I'm a   I'm a 퀸 카 I'm a

40
F   E   Am   F   E
퀸 카 Take a photo   I'm a 퀸 카 I'm a   퀸 카 I'm a I'm a

43
Am   F   G E   Am
I'm a 퀸 카 I'm a   퀸 카

Super Lady

소연 **작사**
Pop time, Daily, 라경 외 1명 **작곡**
(여자)아이들((G)-IDLE) **노래**

13 Am
Lock it   남자들의– 뻔한 가 식
Drop it 억소리나는 – 그 사 치
Dm
영웅은조금의흔 들릴 틈 없이
16 E
Rea-dy to   shoot
F
입 술 이 다 번 져 도
G
– 그 어 떤 놈 보 다 멋
19 Am
지 게   누 구 보 다 멋
F
지 게
웃 어 보 이 지 더 거
22 G
칠 게   독 하 다 해 That's
E
my name   I ne-ver bow on
Am
– my –way – – – –

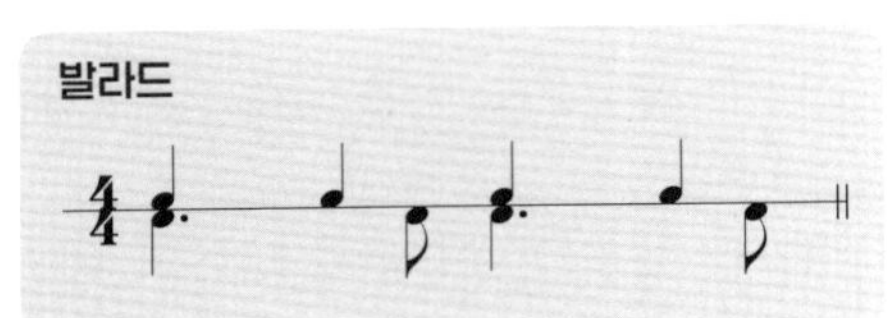

소나기

선재 업고 튀어 OST

한성호 외 1명 **작사**
한성호 외 2명 **작곡**
이클립스(ECLIPSE) **노래**

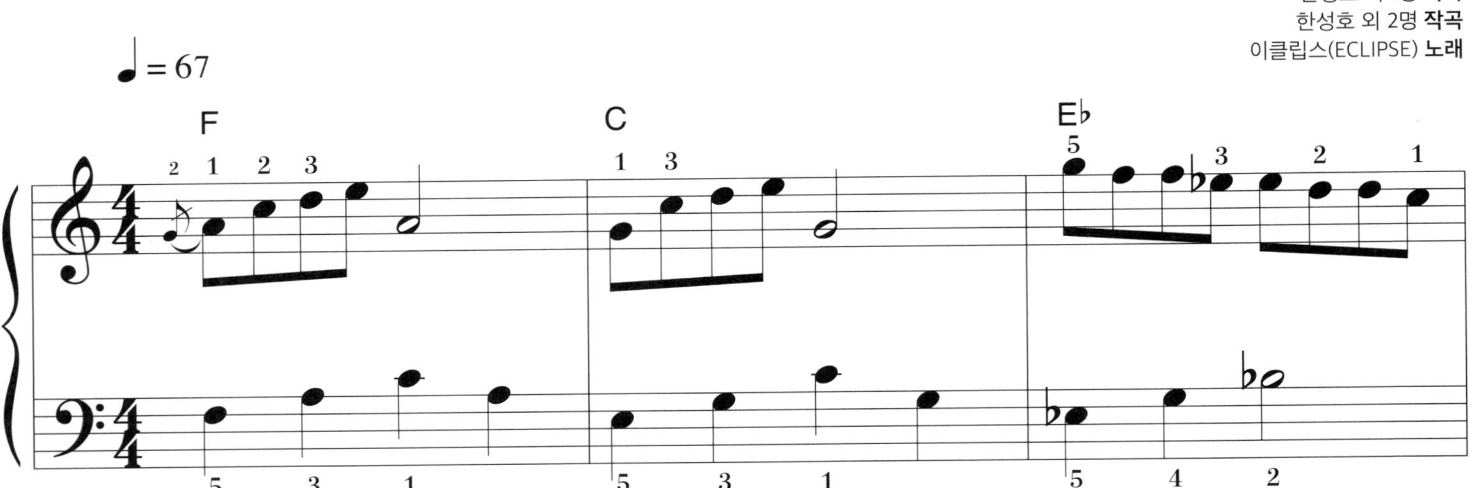

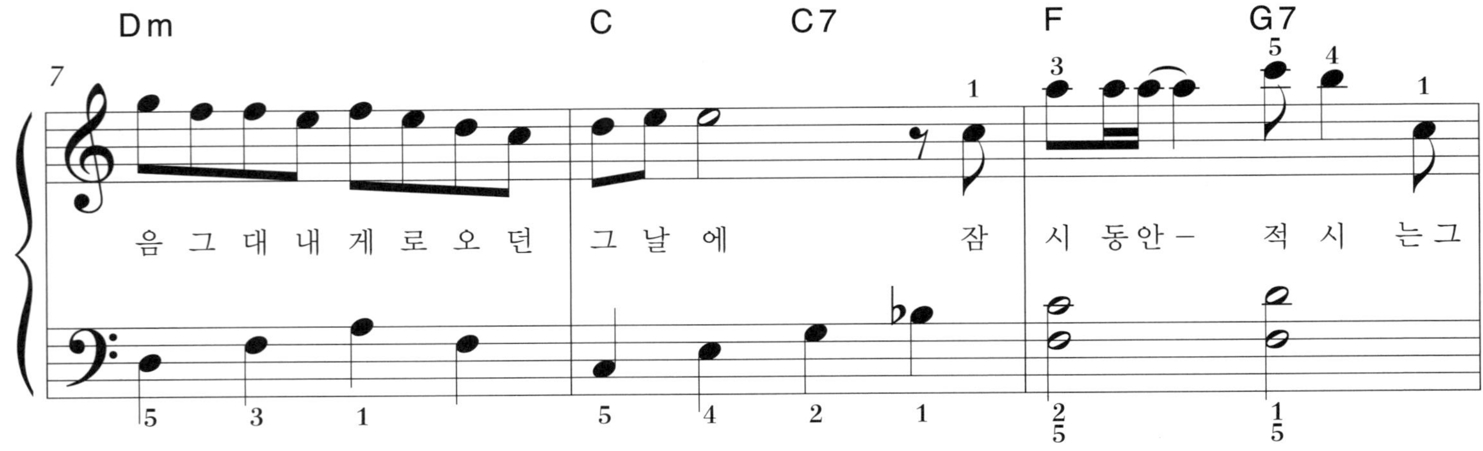

Em   A   Dm   G   C   C7
런 비 가 아 니 길   간 절 히 난 바 래 왔 었   죠   그 대 도 내 맘

F   G7   Em   A   Dm C F D
아 나 요 매 일 그 대 만 그 ― 려 왔 던 나 를   오   늘 도 내 맘 에 스 며 들 죠

Gsus4   G   C   F   Faug
― 그 대 는   선 물 입 니 다 ― 하 늘 이   내   려 준 홀 로 선

Dm   G   Csus4   C   Em   A
세 상 속 에 그 댈 지 켜 줄 게 요   어 느   날 문 득 소 나 – 기 처 럼

Dm   Fm   Em E Am C   1.F   G7
내 린 그 대 지 만   오 늘 도 불 러 봅 니 다 –   내 겐 소 중 한   사

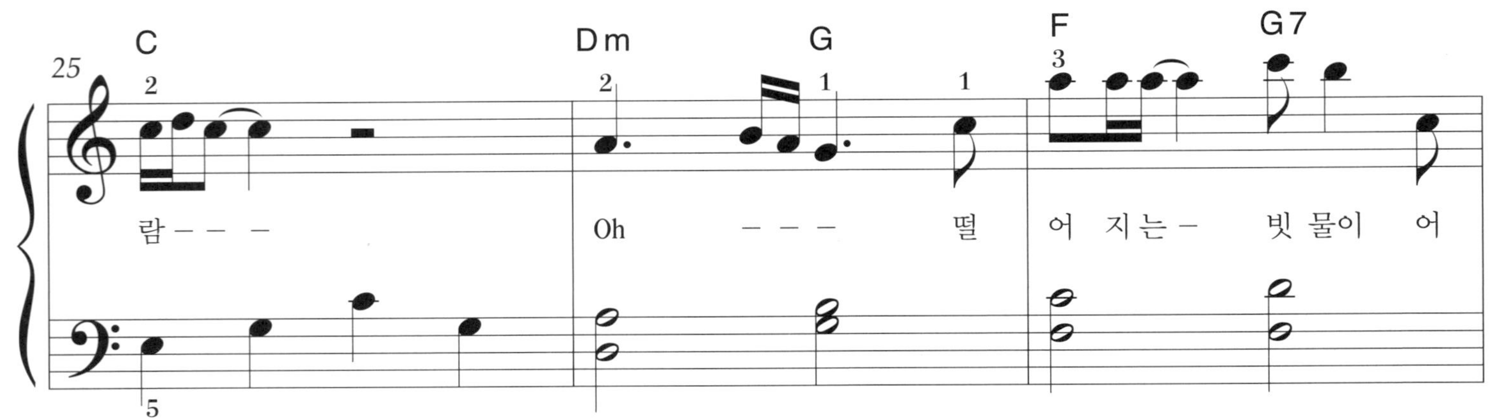

C   Dm   G   F   G7
람 – – –   Oh   – – –   떨 어 지 는 –   빗 물 이 어

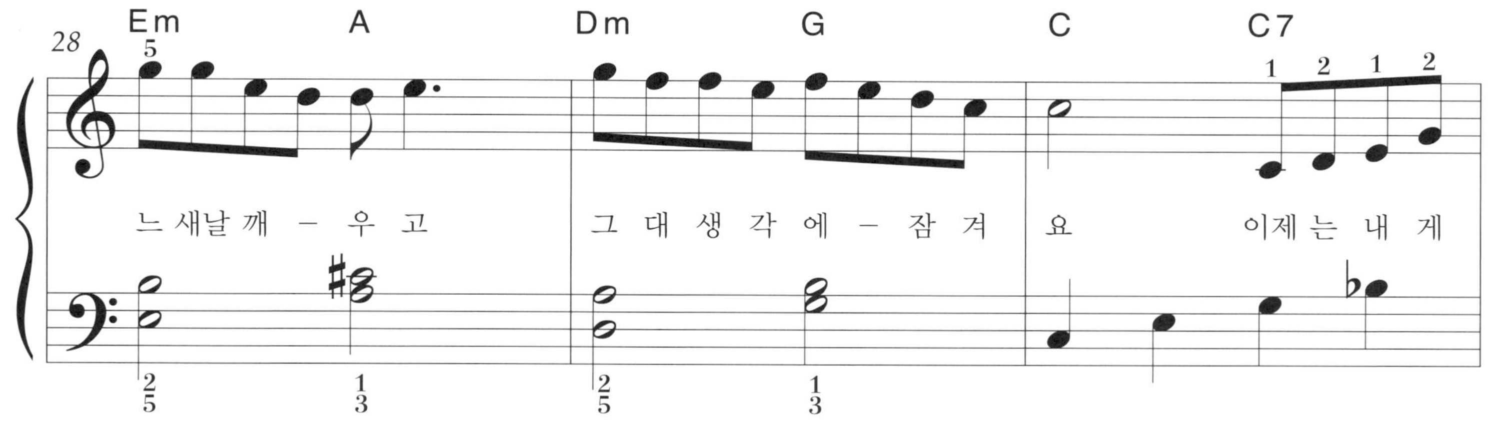

Em   A   Dm   G   C   C7
느 새날 깨 - 우고   그 대 생 각 에 - 잠 겨 요   이제 는 내 게

F   G7   Em   A   Dm   C   F   D
로 와요 - 언 제 나 처럼 기 - 다 리 - 고있 죠   그   대 손을 꼭 잡 아 줄 게 요

Gsus4   G   2.F   G   F
-    그 대 는   내 겐 소 중 한 -   사   람 - - -

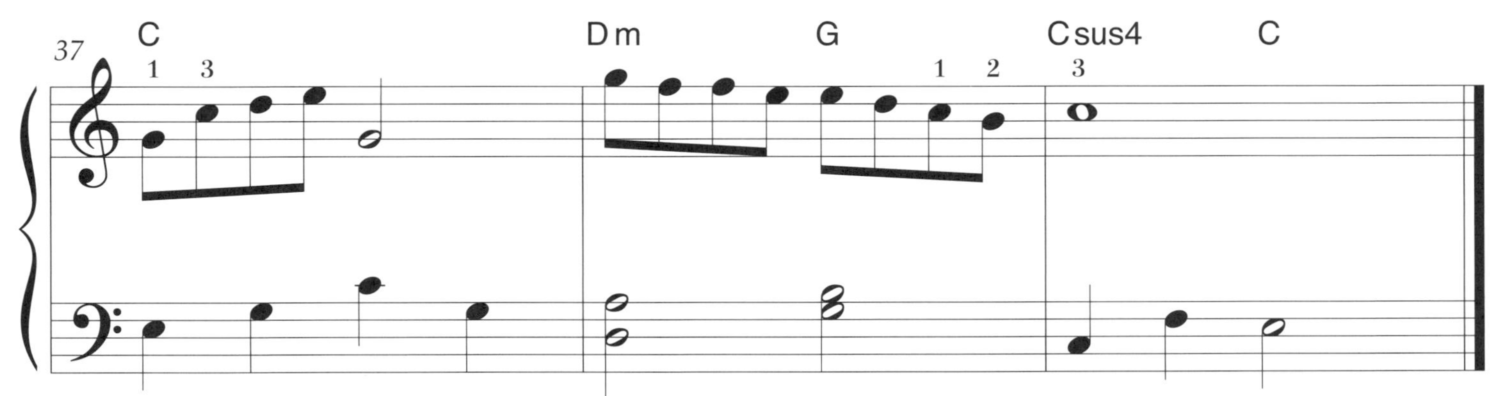

C   Dm   G   Csus4   C

Fast Forward

Teddy 외 3명 **작사**
Teddy 외 3명 **작곡**
전소미(JEON SOMI) **노래**

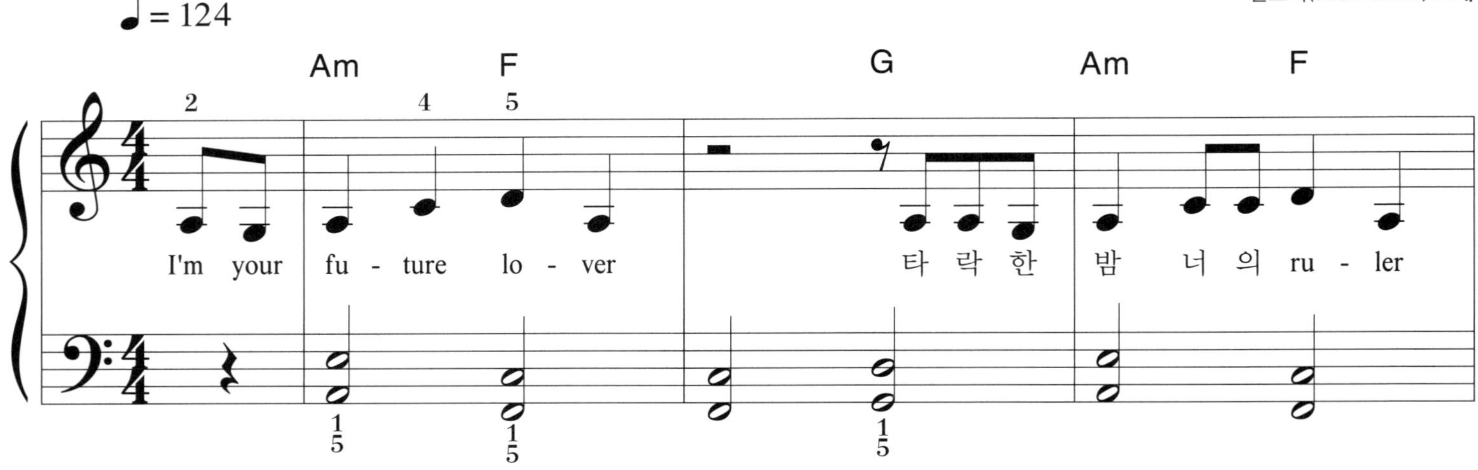

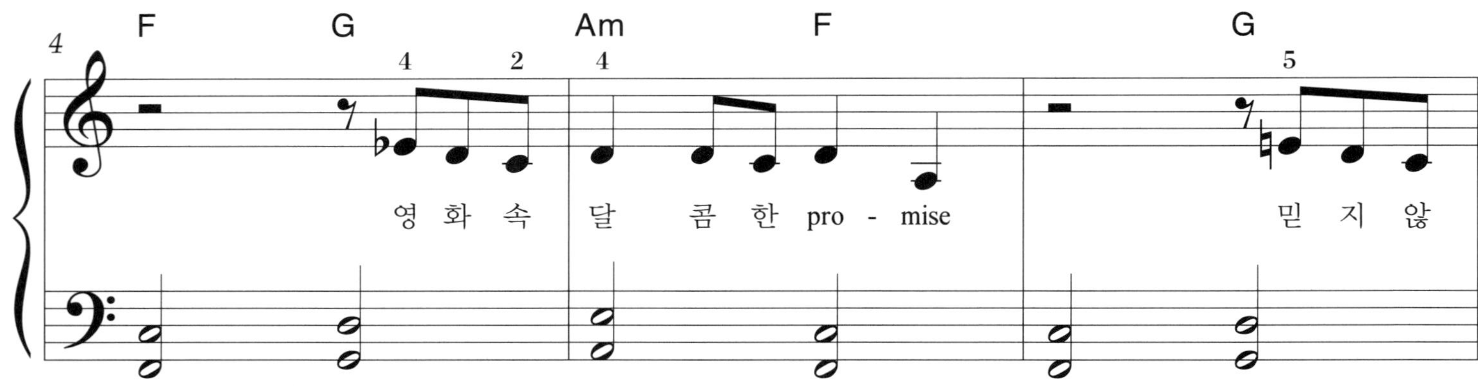

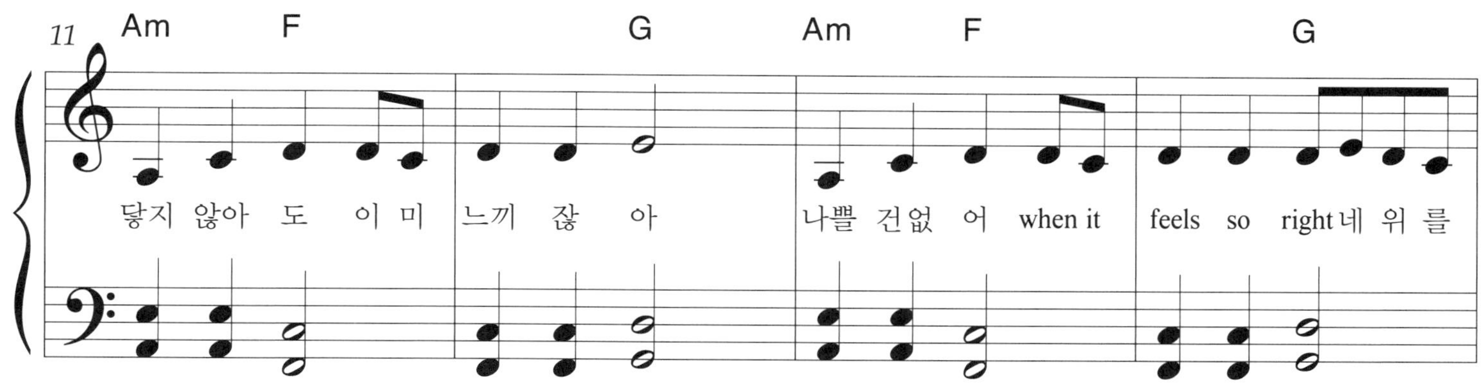

11
Am   F   G   Am   F   G
닿지 않아 도 이 미 느끼 잖 아   나쁠 건없 어 when it feels so right 네 위 를

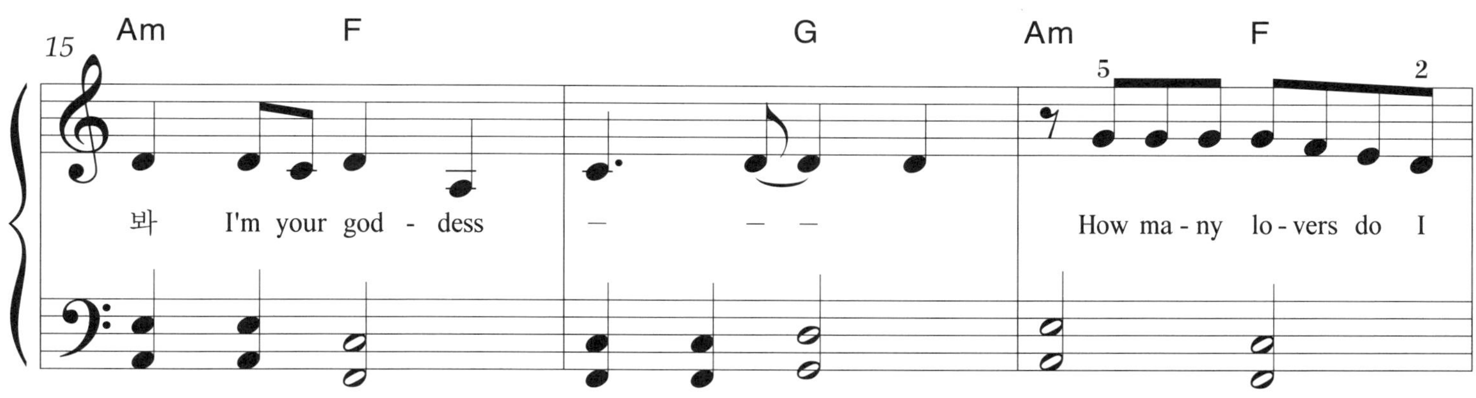

15
Am   F   G   Am   F
봐 I'm your god - dess   —   — —   How ma - ny lo - vers do I

18
F   G   Am   F   G
go through to find you   —   How ma - ny heart-breaks I   take just to get to you

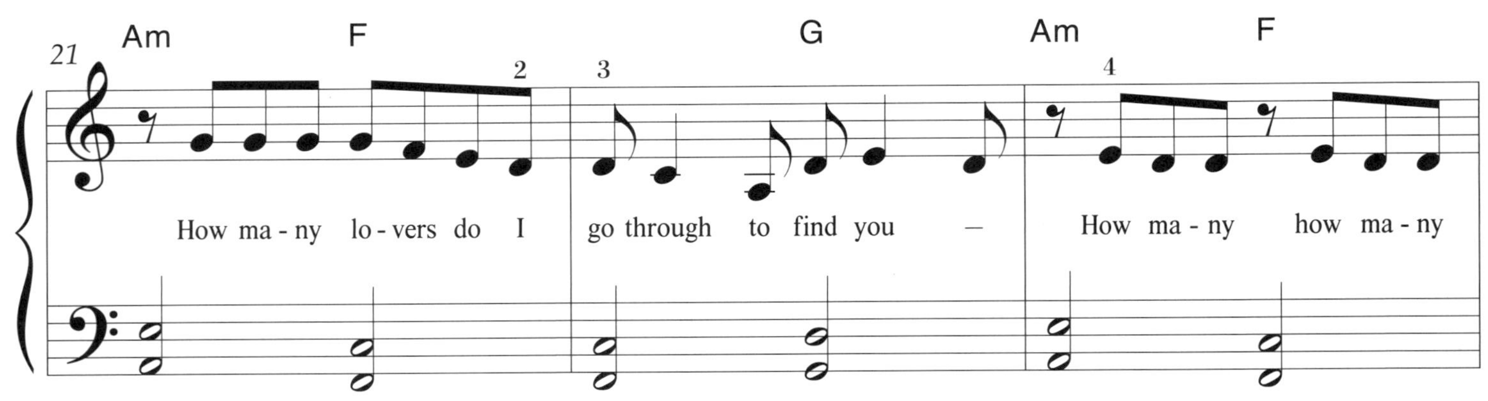

How ma - ny lo - vers do I go through to find you — How ma - ny how ma - ny

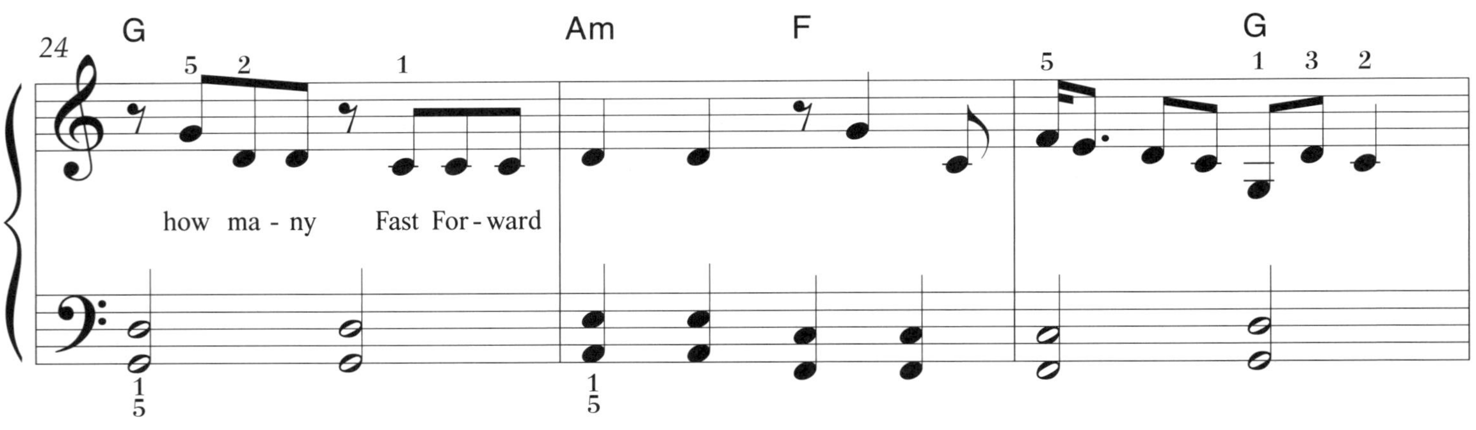

how ma - ny Fast For - ward

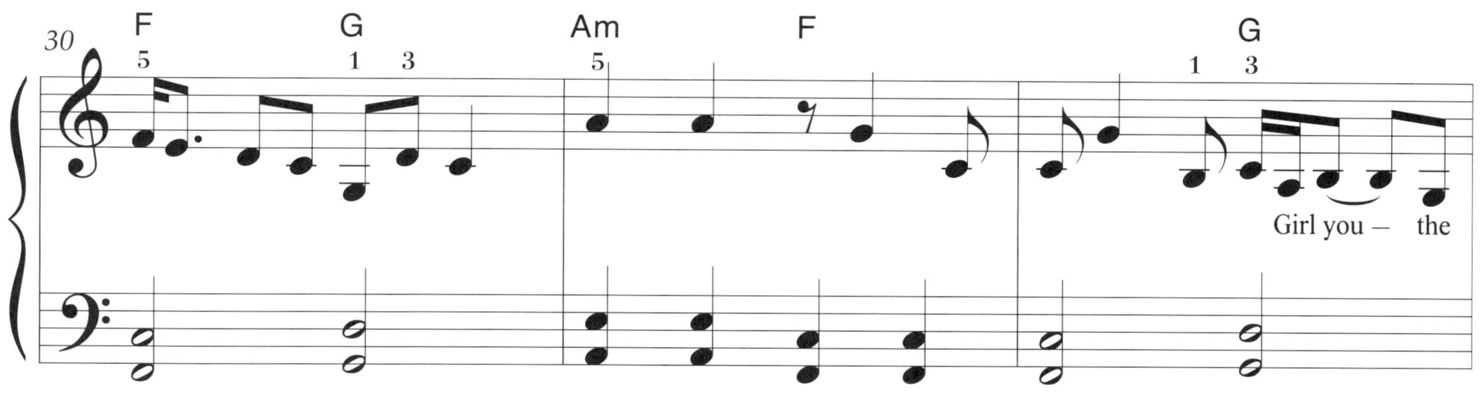

Girl you — the

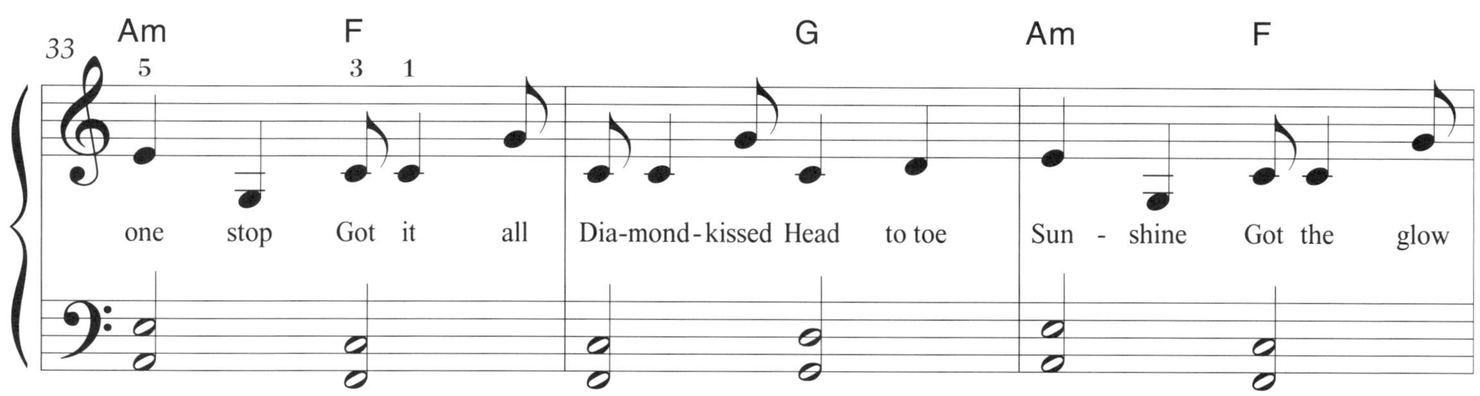

one stop Got it all Dia-mond-kissed Head to toe Sun - shine Got the glow

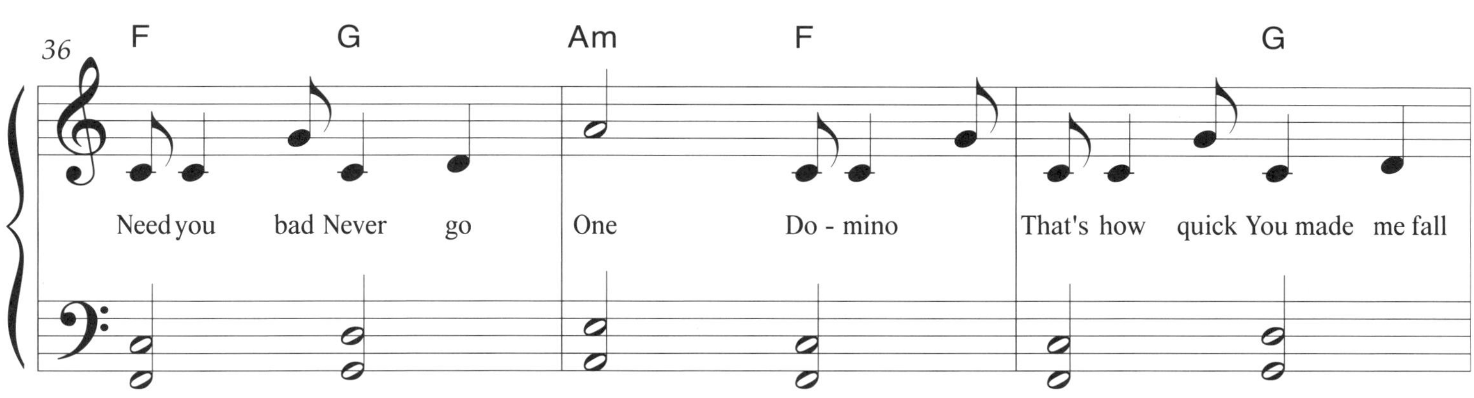

Need you bad Never go One Do - mino That's how quick You made me fall

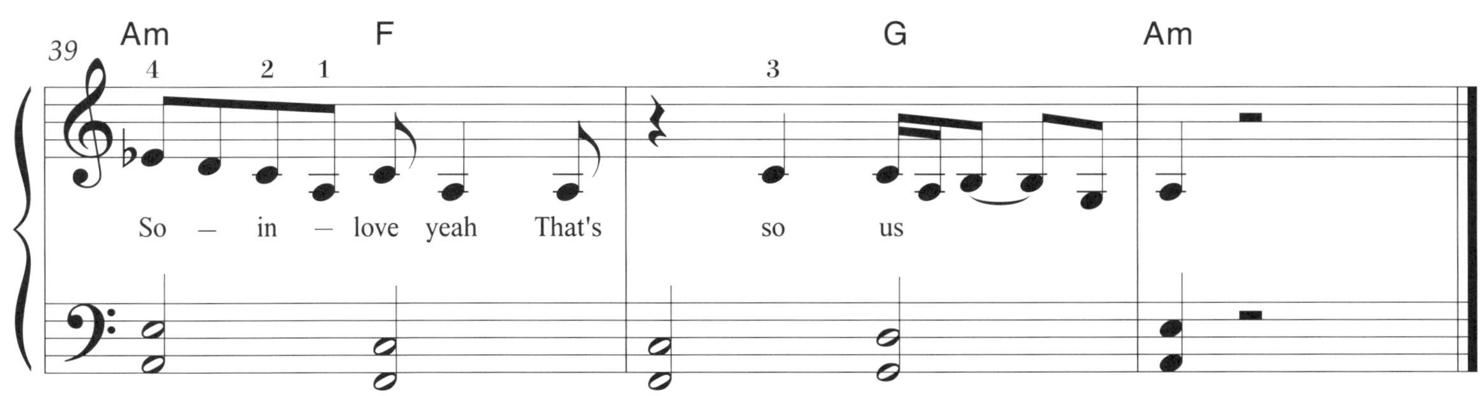

So — in — love yeah That's so us

I Love My Body

안신애 **작사**
안신애 외 1명 **작곡**
화사(HWASA) **노래**

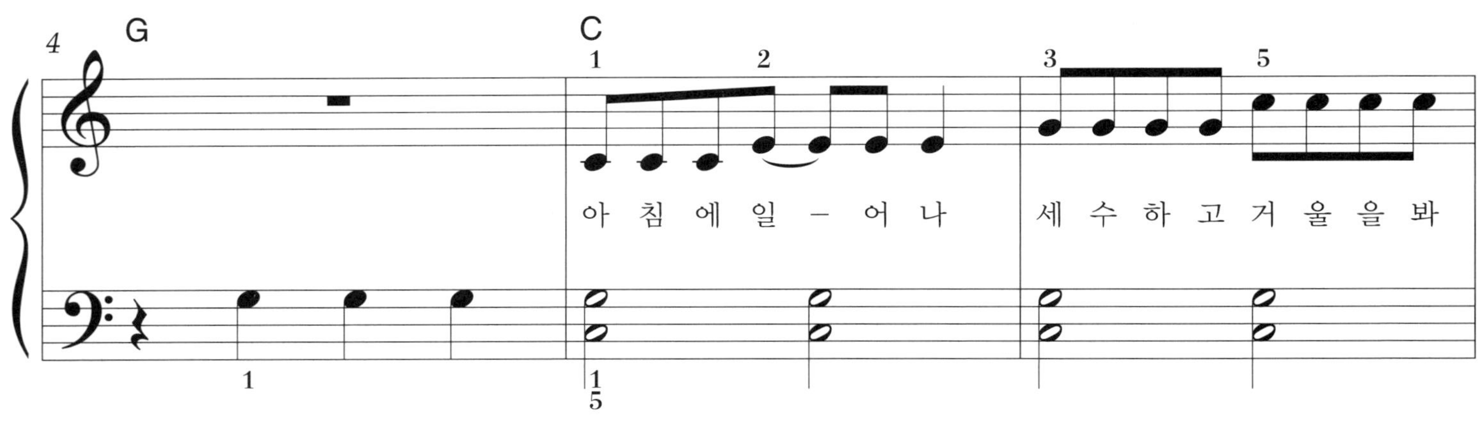

F
C
자 세 히 좀 바 라 봐
G
F
C
생 김 새 하 나 하 나
난 꽤 나 괜 찮 아
C
F
It's o-kay to be o-kay 자
Boy I think you're not o-kay 날
Cm
D
유 로 운 척 매 여 있
어
기 준 만
수 백 만 가 지 뭐
사 랑 하 든 안 하
든
진 짜 관
심 도 없 거 든 네

D
G
가 맞 는 거 지 정 답 은 딱 한 - 가 지 -
가 원 하 거 든 알 아 야 할 한 - 가 지 는

C
I love my bo - dy 윤 기 나 는 내 머 리 발 끝 까 지 My bo - dy

C
Yeah that's my bo - dy Yeah that's my bo - dy 사 랑 스 런 내 Tum - my

C
1.
Uni - que 한 팔 과 다 리 Yeah that's my bo - dy 살 빠 졌 네 안 빠졌 네 그 게

C
왜 궁 금 한 건 데 반 가 윘 던 맘 사 라 지 게 쓸 데

F
없 는 인 사 치 레 Cause my bo - dy's more than that
C
질 겅 질 겅 너 의 그 입 에

C
G
오 르 락 내 리 락
F
막 다 룰 존 재 는 아

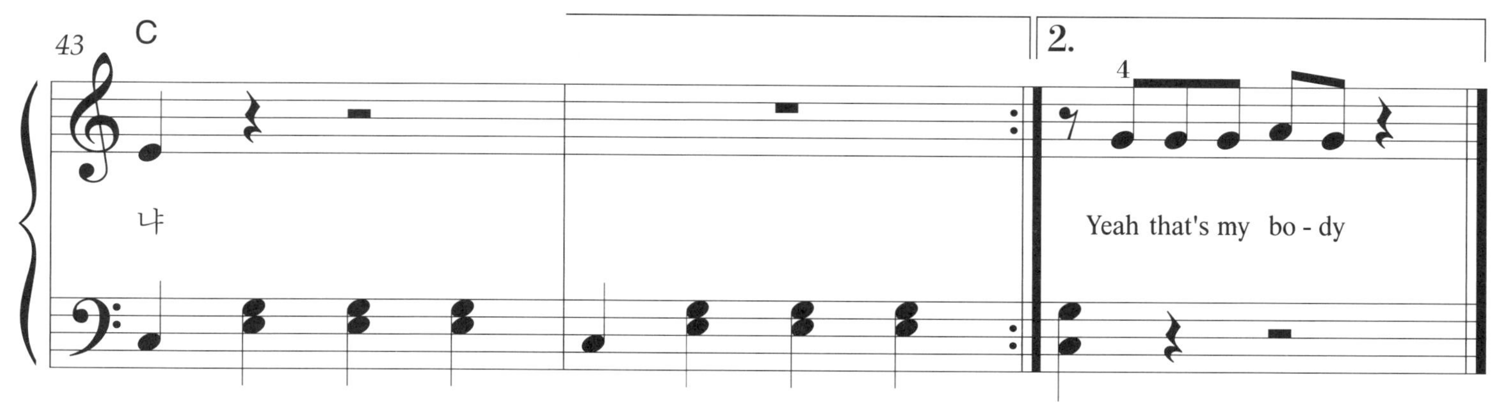

C
냐
2.
Yeah that's my bo - dy

Discord

이동혁 외 2명 작사
이동혁 외 6명 작곡
큐더블유이알(QWER) 노래

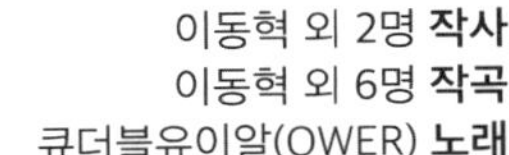

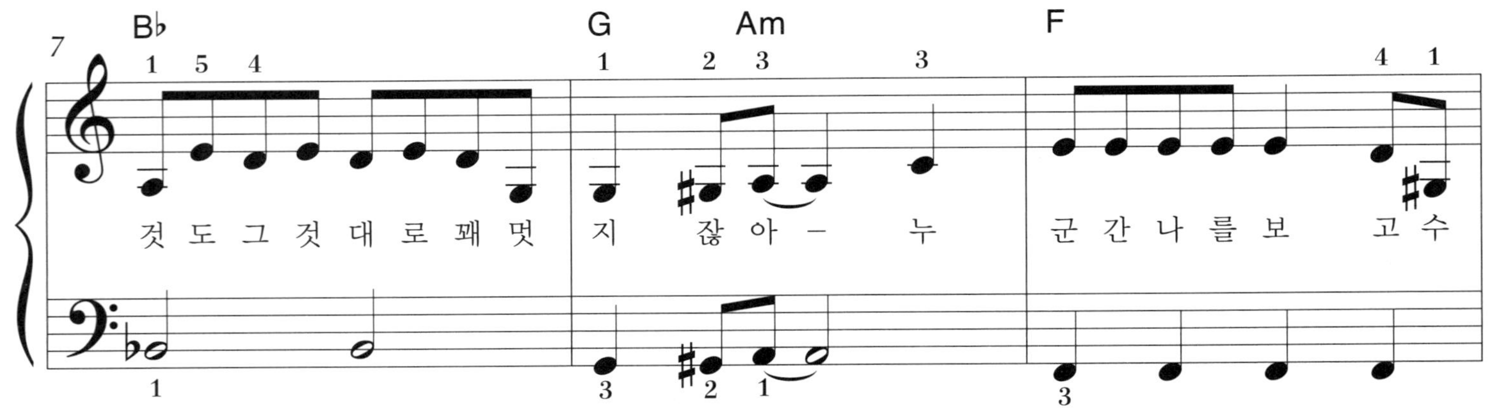

E   Am
근 대 겠 지 만   그 런 무 례 함   은 도   로 넣 어 둬 요

F   C   Fm   B♭
취 향 은 존 중 해 그 치   만   이 런 날 밀 어 내   긴   － 쉽 지

G   F   E   Am   D
않 을 걸   무 대   위   춤 을 추 는 d 선   상 의 아 리 아   불 협

F
E
Bb
C
F
E
화 음 도 괜 찮 아 뭐 문 제 가 되 려 나 모 두 내 게 반 해 버 려

Am
D
Dm
Em
도 난 몰 라 요 무 지 개 멜 로 디 는 저 하 늘 을 날 아

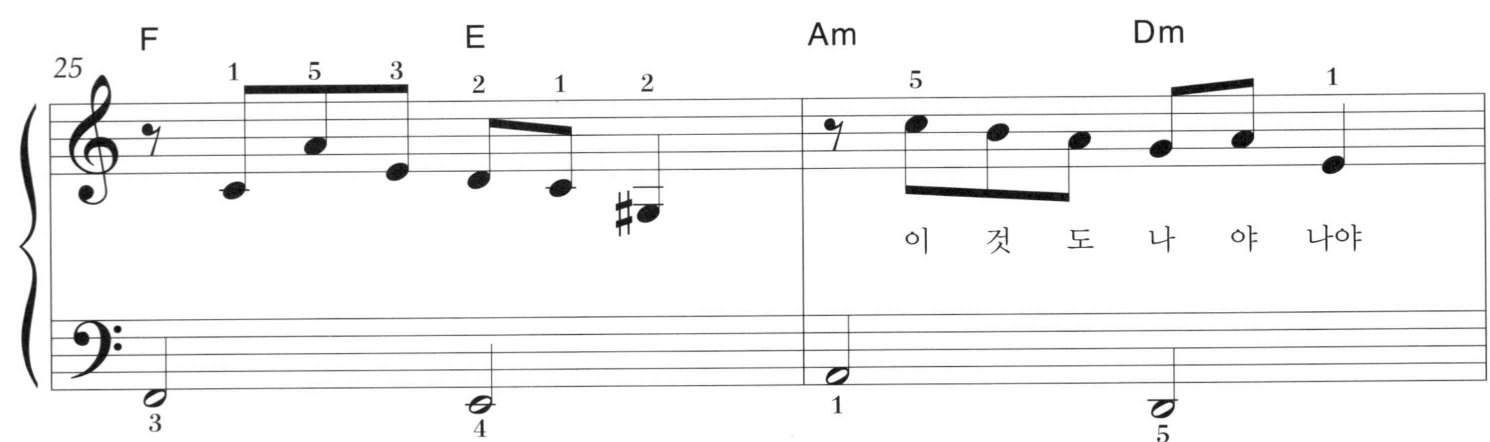

F
E
Am
Dm
이 것 도 나 야 나 야

이 런 내 가 궁 금 하 니
뭘 해 도 나 야 나 야

들어 줘 나 의 Dis - cord

Either Way

선우정아 **작사**
Ryan S. Jhun 외 3명 **작곡**
아이브(IVE) **노래**

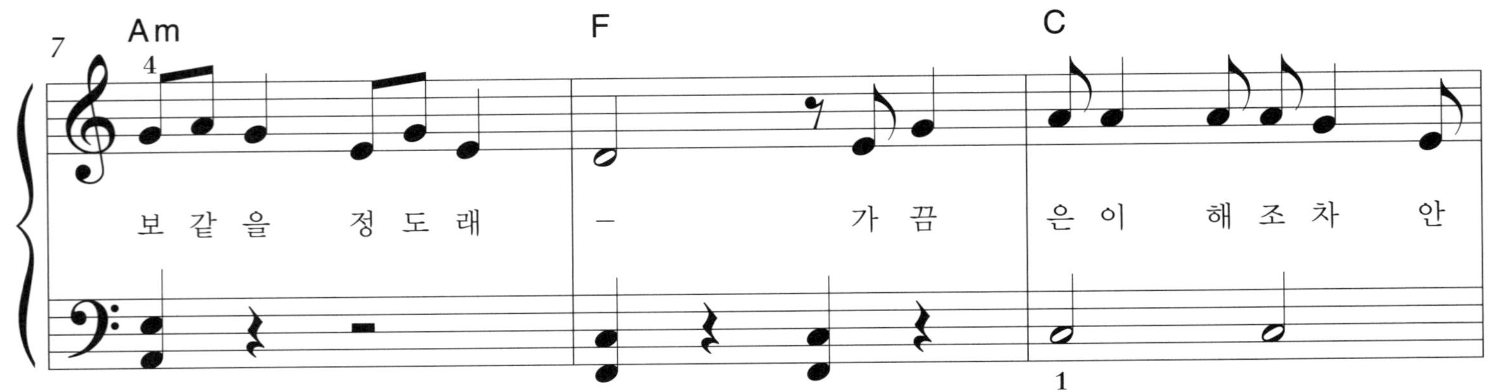

E   Am   F
되는 시선들 억 울하 기도하 지 만   오

C   E
해 가 만 든 수 많 은 나 와 애 기 해

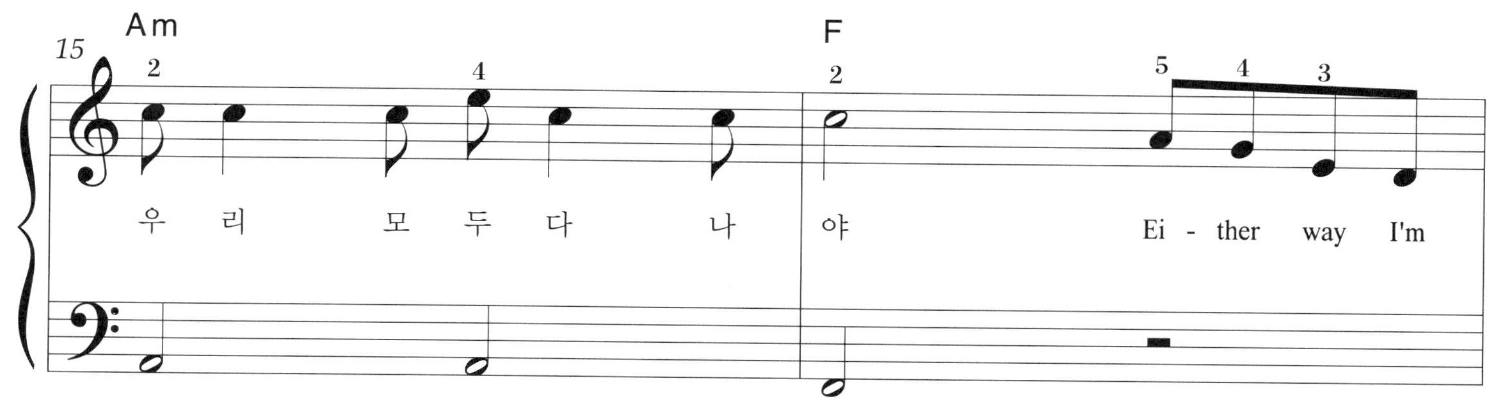

Am   F
우 리 모 두 다 나 야   Ei - ther way I'm

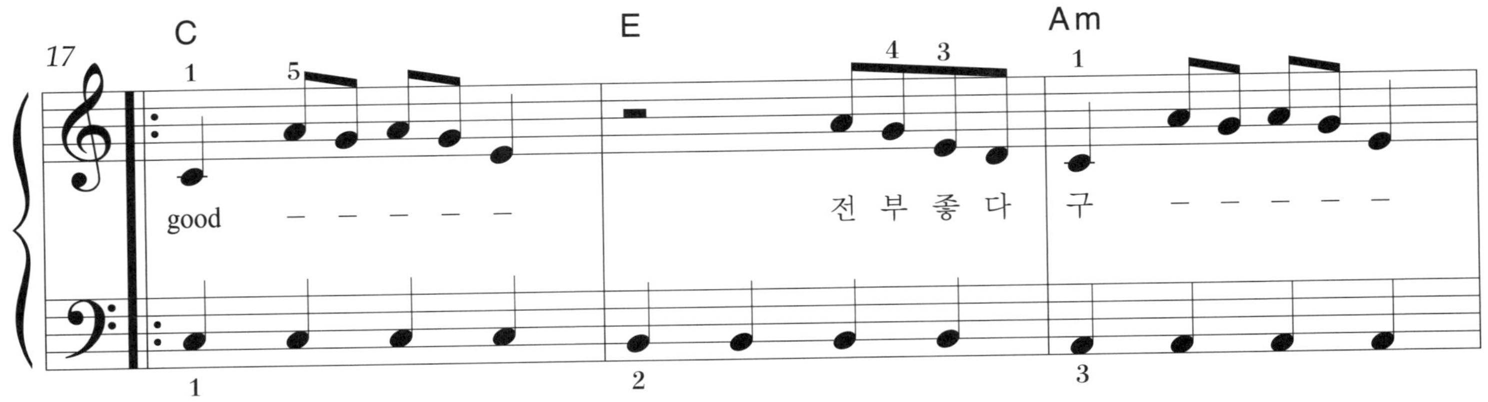

C
E
Am
good
전부좋다구

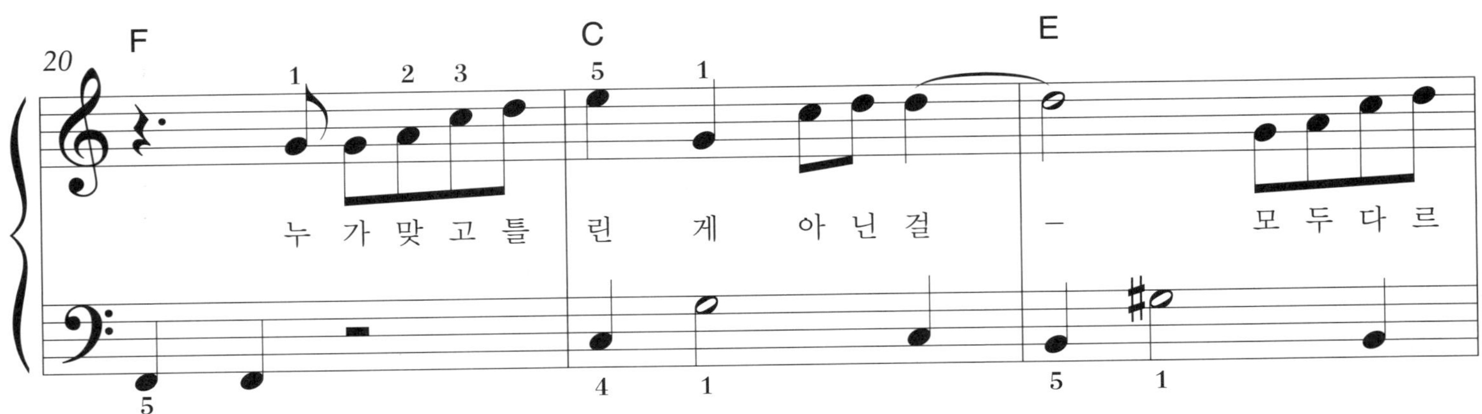

F
C
E
누가맞고틀린게아닌걸
모두다르

Am
F
C
게사랑하듯
Ei - ther way you're good

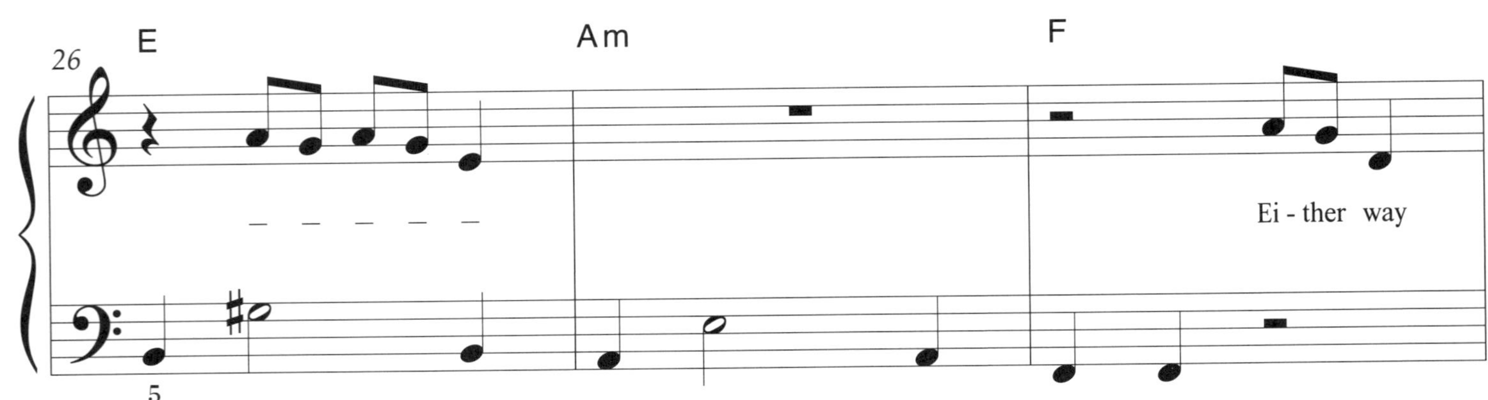

E
Am
F
Ei - ther way

1. C
E
Am
내게는언니같은- 친구인데어 리광이심하대

F
C
E
- 털 털한줄 알았던 저아이는마

Am
F
C
음이넘 약한걸 - 재 I라 서그래 넌

E
Am
F
2. C
E라서그래됐 고그 냥V나 하 Ei - ther way you're -

에피소드

이무진 **작사**
이무진 외 3명 **작곡**
이무진(Lee Mujin) **노래**

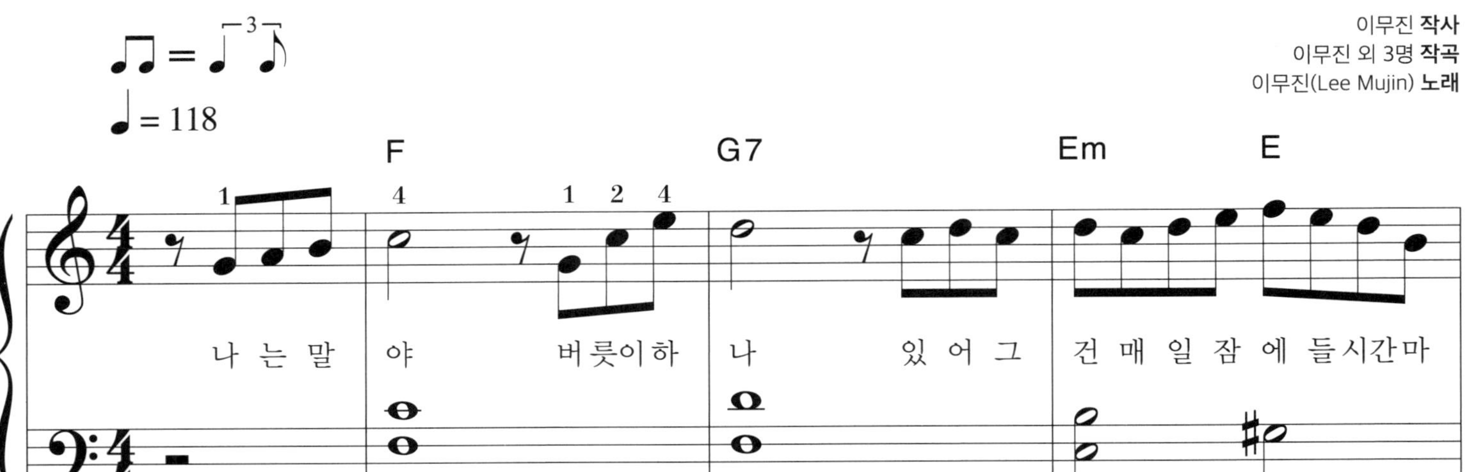

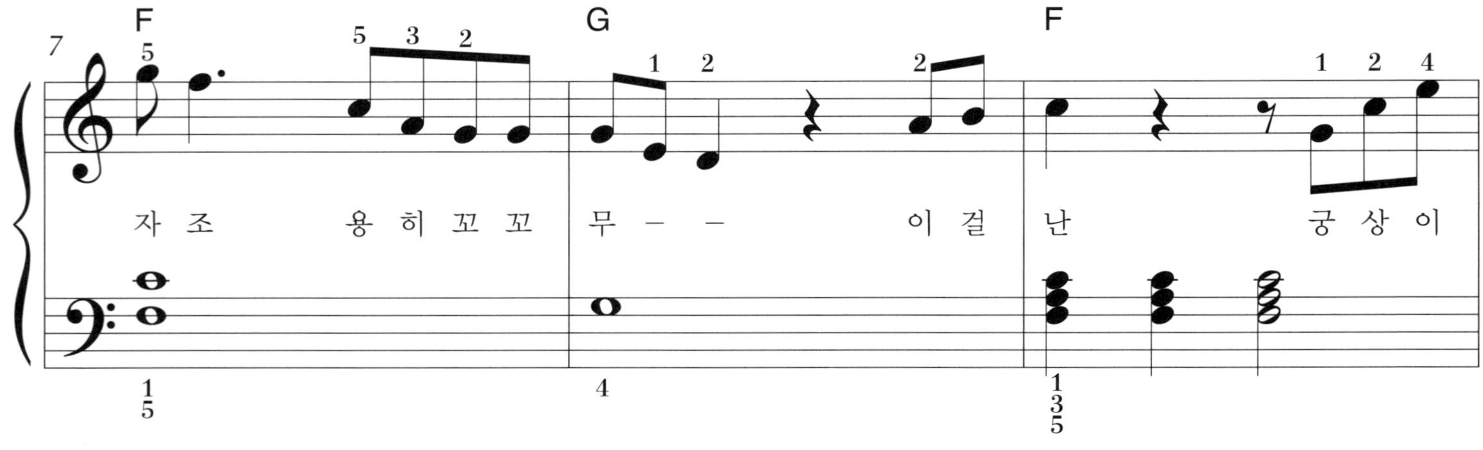

G7
Em
E
Am
Gm
C
란
이름으로
지었어고민고민하다
가
아무튼뭐오
F
G7
Em
Am
Dm
G
늘은하필이면
너가
스쳐버려서
우
리
였을 때
Csus4
C
F
Fm
로
우
리
정말
좋
았
던 그
때

G7
C
로
우 리 의에 피 소드 가
찬 란 하 게막을연

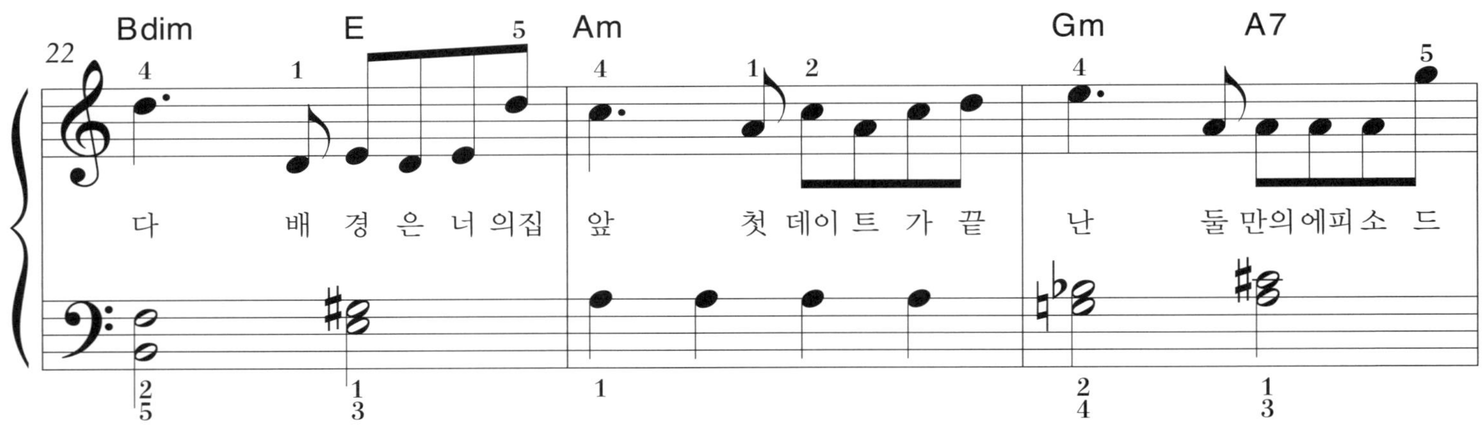

Bdim
E
Am
Gm
A7
다
배 경 은 너 의집 앞
첫 데이 트 가 끝
난
둘 만의에피소 드

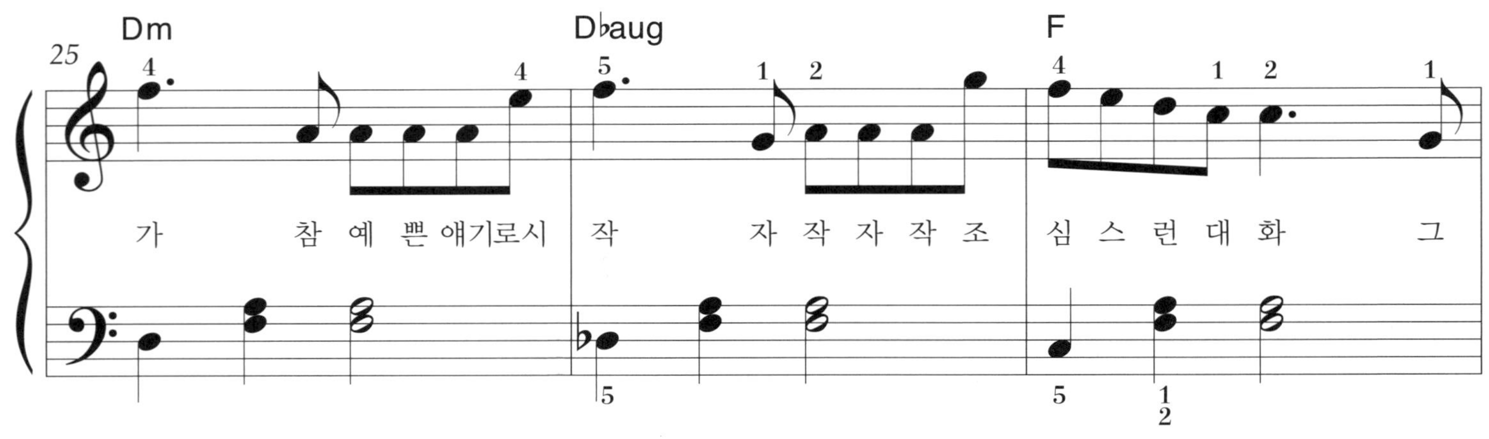

Dm
D♭aug
F
가
참 예 쁜 얘기로시
작
자 작 자 작 조
심 스 런 대 화
그

Bb   G   C   Bdim   E
새 늦은 시간 굿   바이   좋은 뜻 일뿐인굿 바이   With a hap - py
Am   Gm   C   F   G7
smile 이 게 이 스토 리 의 서   막 눈 내 리 던   그밤   겨 울   향
E   Am   F   Fm   C
이배어 서 – 더 눈부   신   우 리 의 에 피 소 드   다

밤양갱

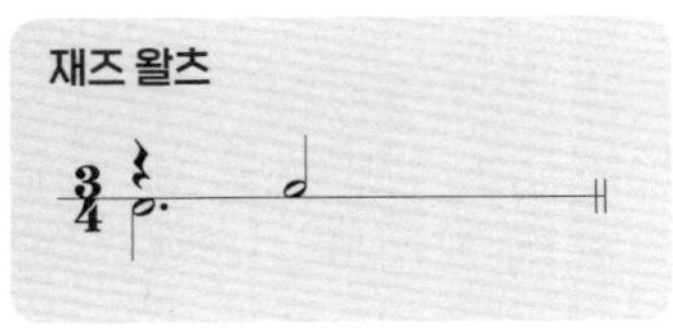

장기하 작사
장기하 작곡
비비(BIBI) 노래

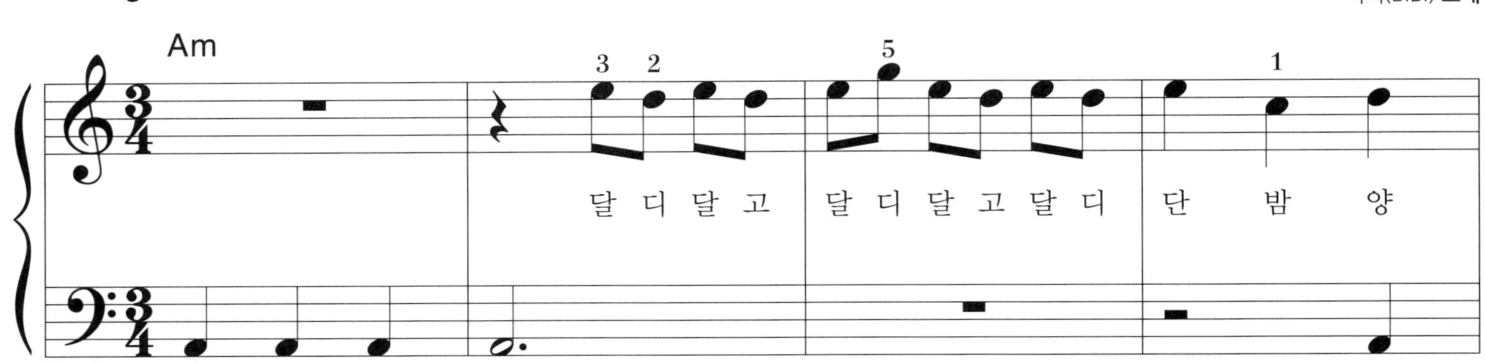

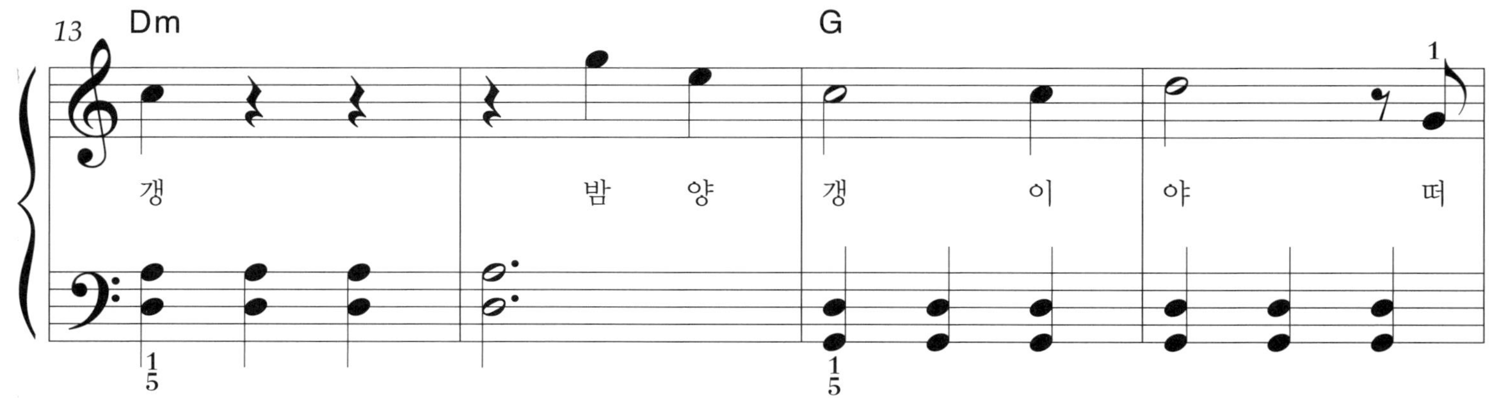

나 는 길 에 니 가 내 게 말 했 지
너 는 바 라 는 게 너 무 나 많 아
아 냐 내 가 늘 바 란 건 하 나 야
한 개 뿐 이 야 달 디 단 밤 양 갱

고민중독

이동혁 외 4명 작사
이동혁 외 4명 작곡
큐더블유이알(QWER) 노래

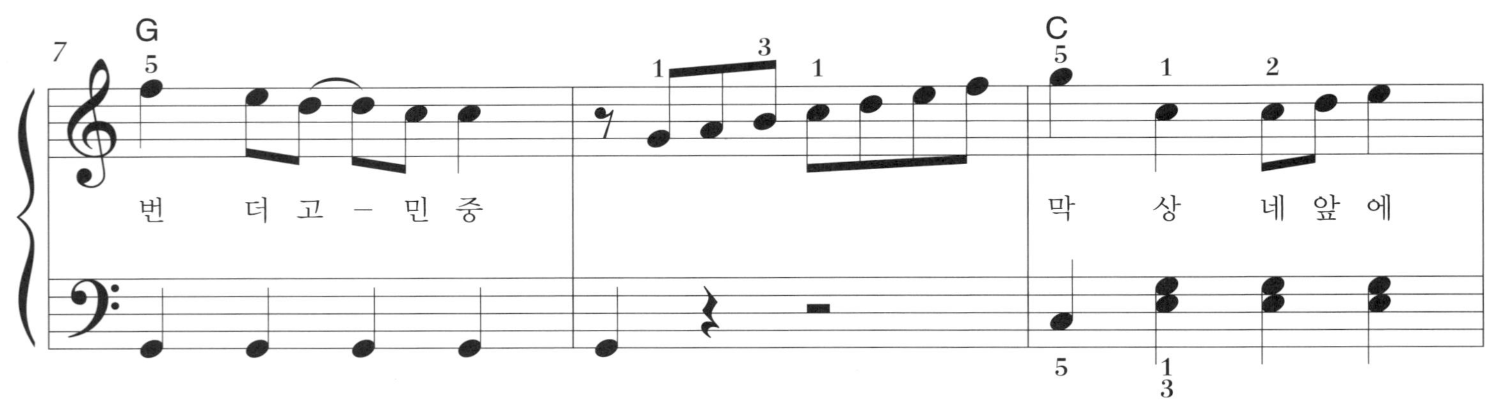

Dm
G#dim
Am
G#dim
왔 던 나 의 맘 절 반 의 반 도 주
Gm
Gb
F
Em
C
지 를 못 했 어 아 아 아 직 은
Dm
G#dim
Am
C
Dm
준 비 가 안 됐 다 구 요 소 용 돌 이
F
Gsus4
G
처 어 지 럽 다 구 쏟 아

C   E
지 는 맘 을 멈 출 수 가 없   을

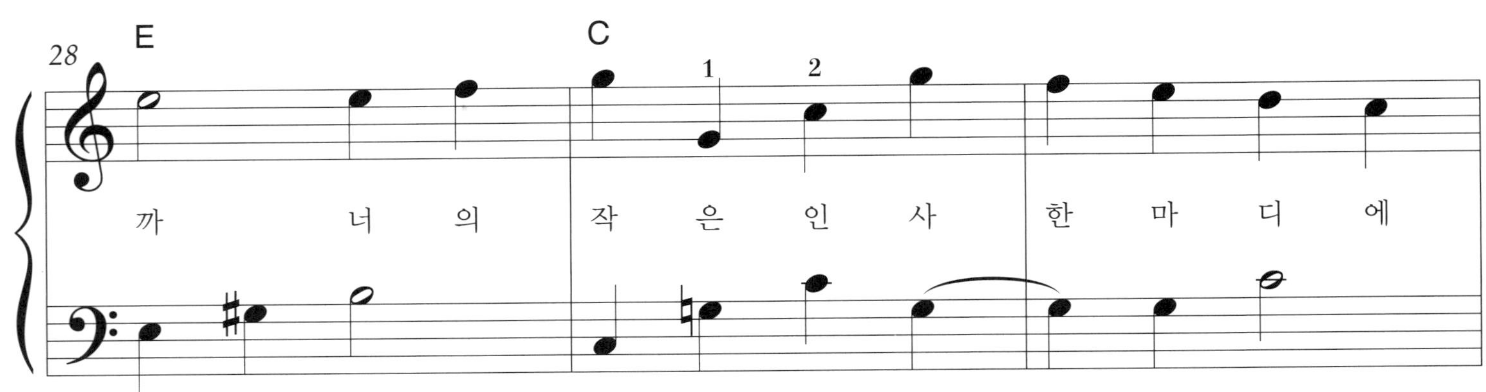

E   C
까 너 의 작 은 인 사 한 마 디 에

Gm   C7   F
요 란 해 져 서 — 네 맘 의 — 비

G7   Em   Am
밀 번 호 눌 러 열 고 싶 지 만 너 를

고 민 고 민 해 도 좋 은 걸
어 쩌 니 -

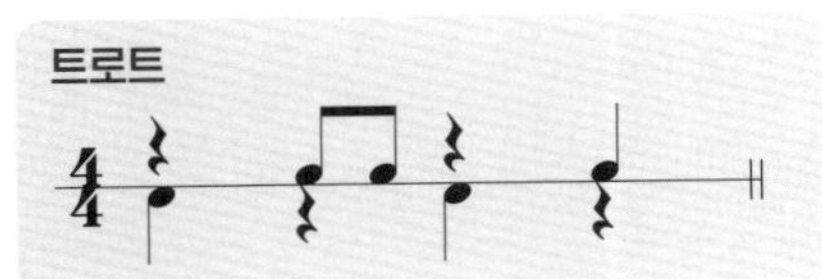

Oompa Loompa

윙카 OST

Leslie Bricusse 외 1명 **작사**
Leslie Bricusse 외 1명 **작곡**
Hugh Grant(휴 그랜트) 외 1명 **노래**

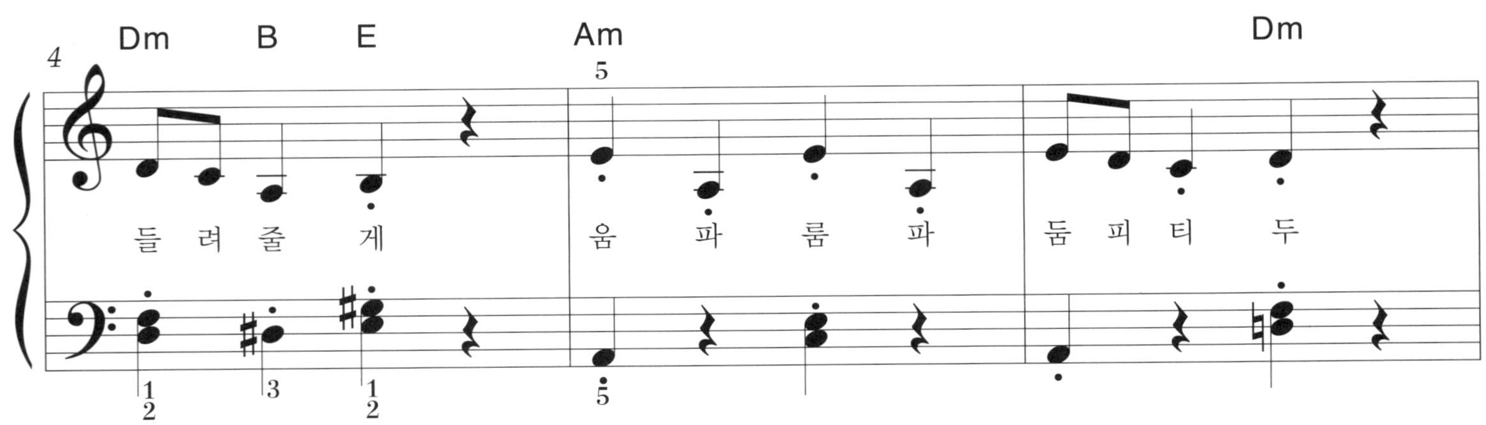

Dm　G　C　Dm　G7　C
룸 파 랜 드
하 지 만 카 카 오 재 배 엔 맞지 않 지

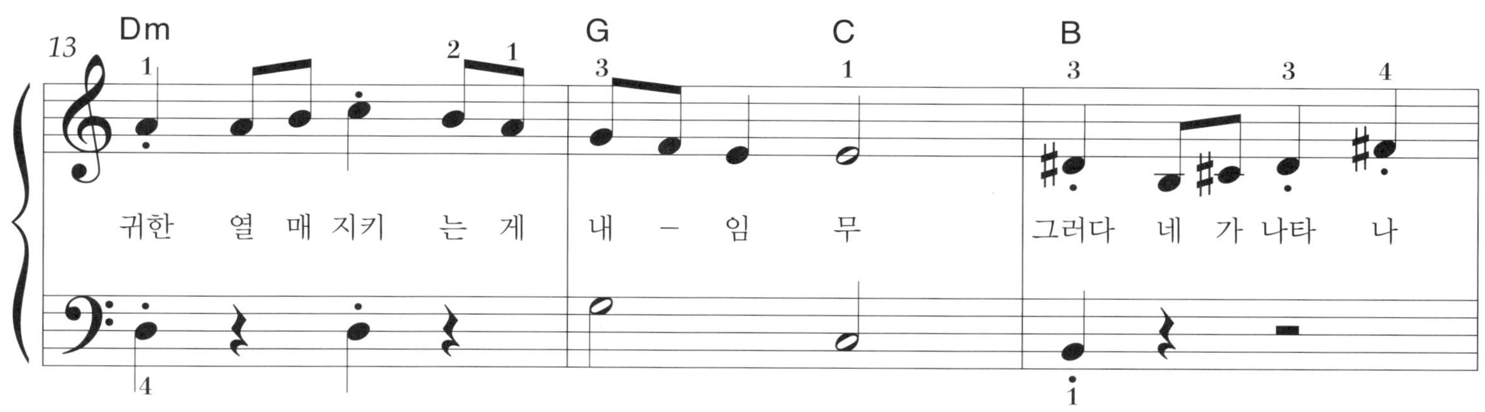

Dm　G　C　B
귀한 열 매 지키 는 게 내 ― 임 무 그러다 네 가 나타 나

B　E7
다 훔쳐 갔지

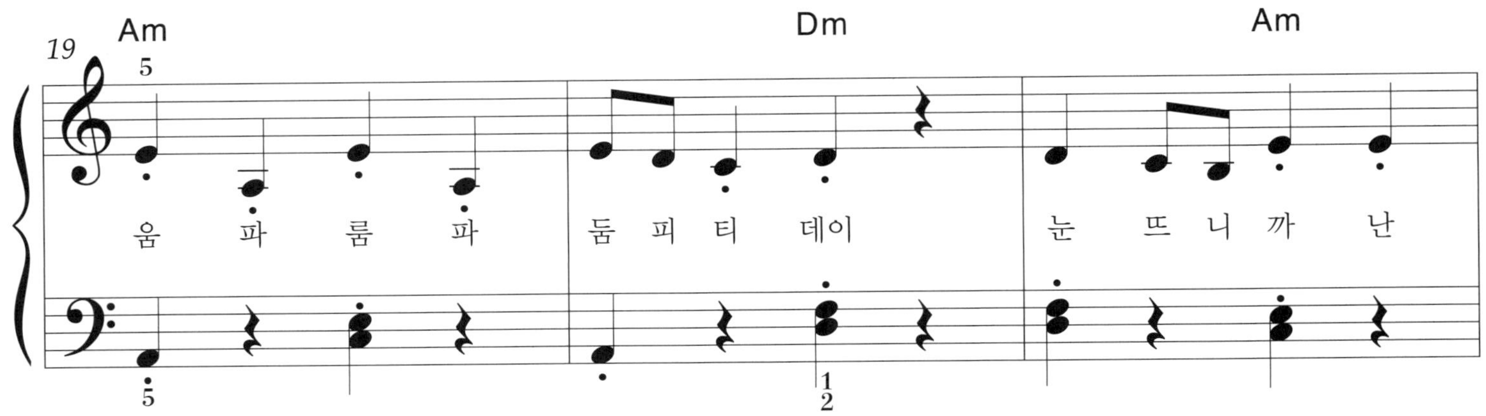

Am
Dm
Am
움 파 룸 파
둠 피 티 데이
눈 뜨 니 까 난

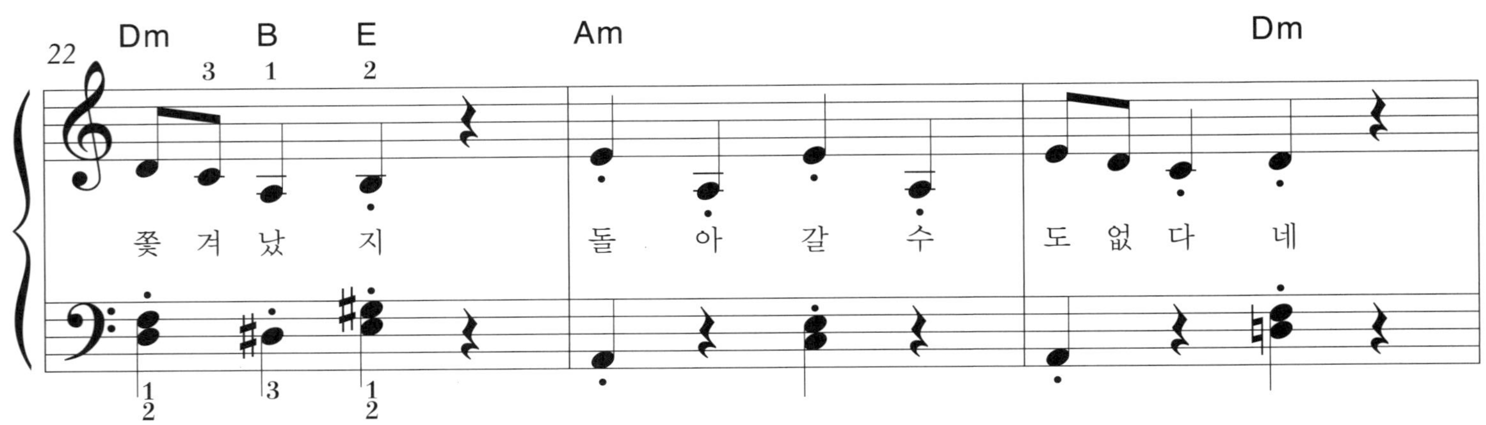

Dm
B
E
Am
Dm
쫓 겨 났 지
돌 아 갈 수
도 없 다 네

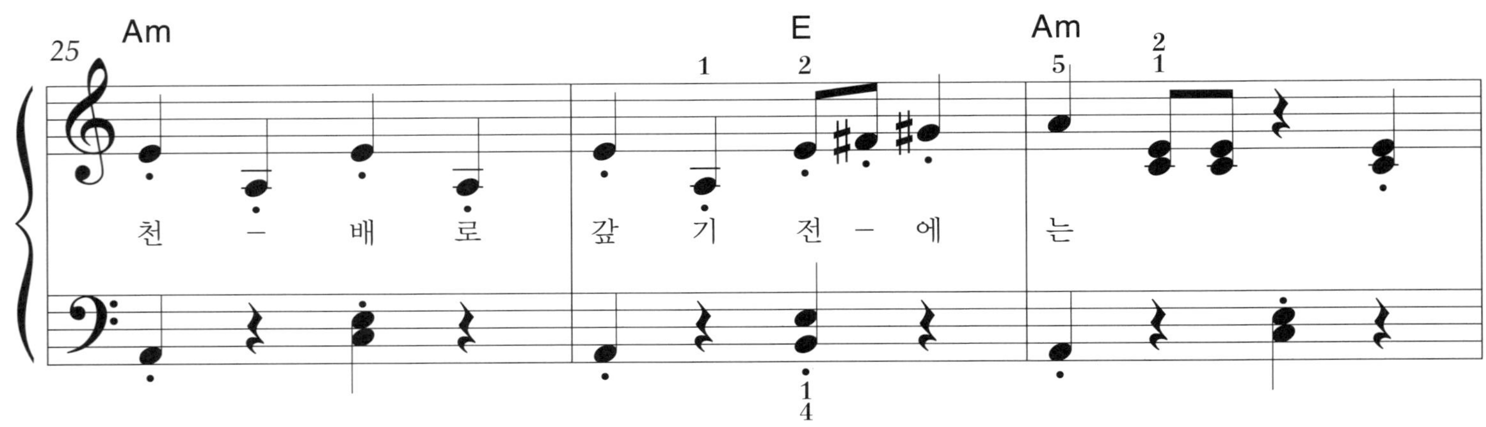

Am
E
Am
천 ― 배 로
갚 기 전 ― 에
는

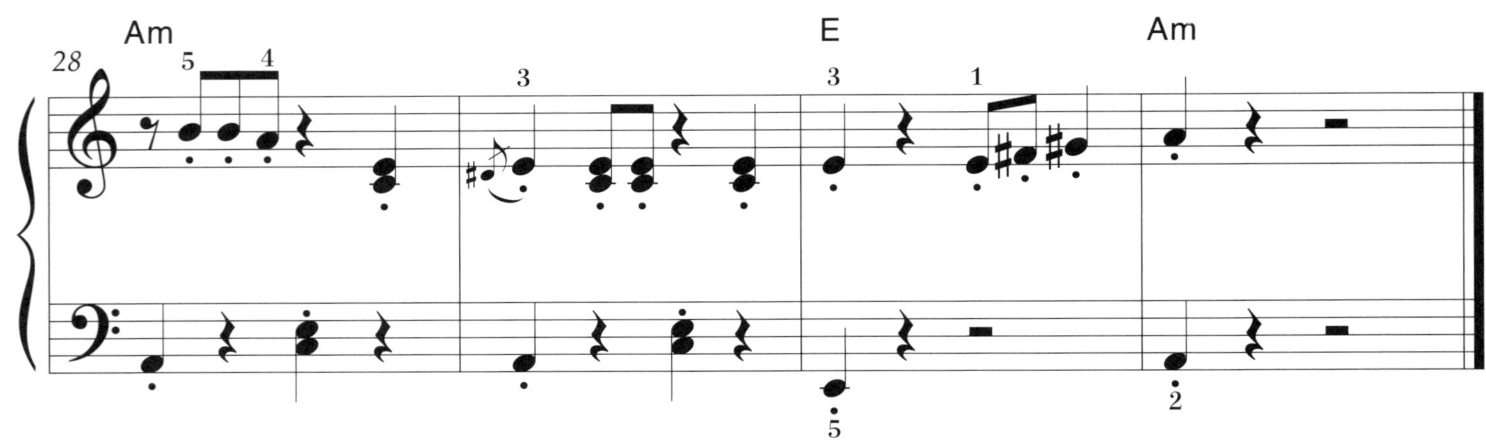

Am
E
Am

칼립소

후라이의 꿈

모범 연주

드럼 리듬

이찬혁 작사
이찬혁 외 1명 작곡
악뮤(AKMU) 노래

F   E   Am
저   거위도 벽 을넘 – 어 – 하늘을 날 을 거라

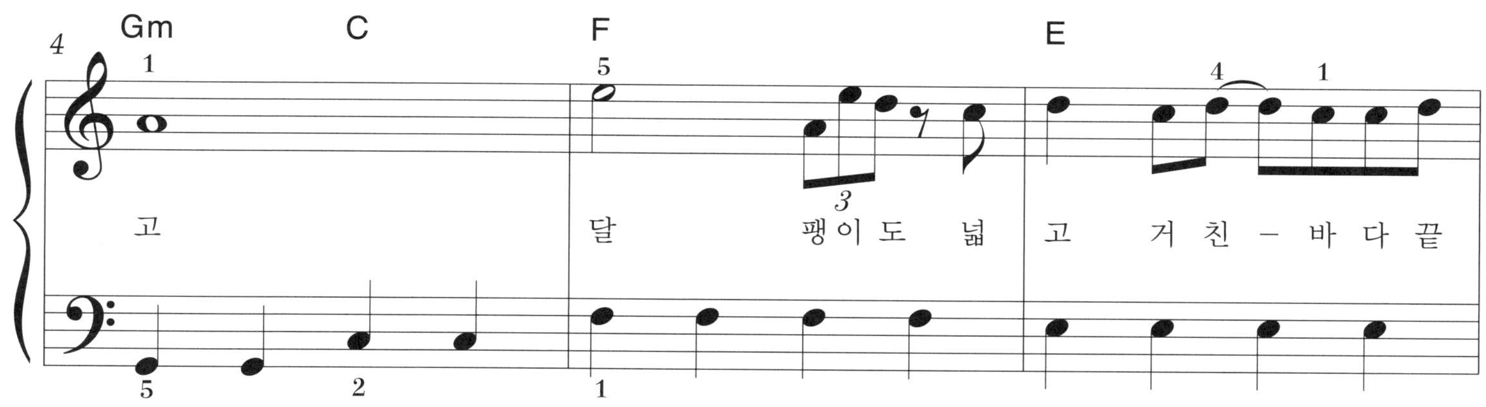

Gm   C   F   E
고   달   팽이도 넓 고 거 친 – 바 다 끝

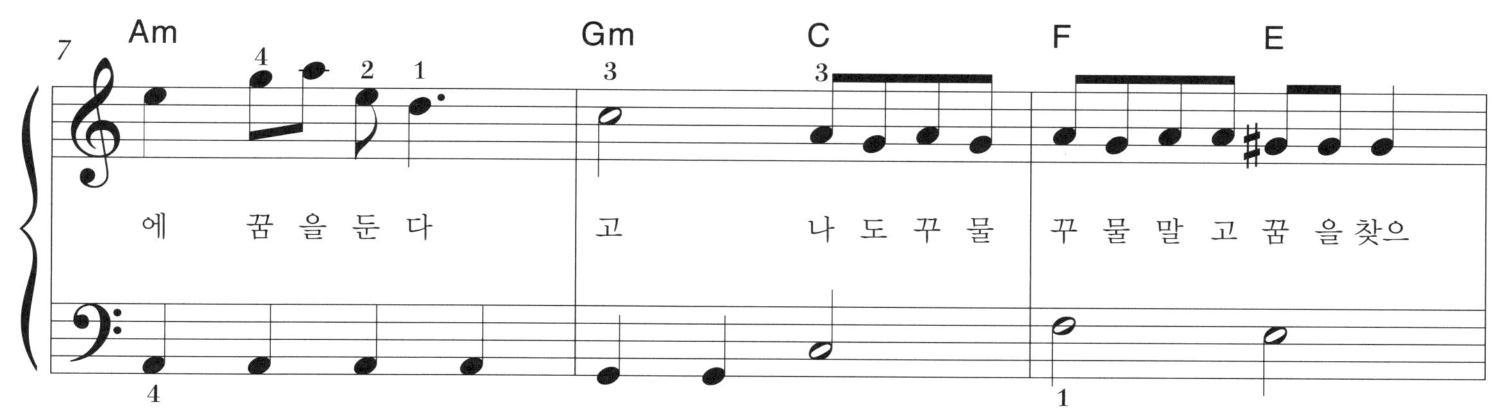

Am   Gm   C   F   E
에 꿈을둔다   고   나 도 꾸 물 꾸 물 말 고 꿈 을 찾 으

Am Gm C F E Am Gm C F E
래 — 어서남의 꿈을빌려꾸 기라도 해 — 내게강요 하지말아요 이건

Am Gm C Gm C F
내길이아닌걸 내 밀지말아요 너의 구 겨 진 꿈 을

Fm C E Am
난 차 라 리 — 흘 러갈 래 모두높은곳 – 을

Gm C F E Am Gm C
우 러 러 볼 때 난 내물결 을 따 라 -

F Fm C
Flow flow a-long flow a-long my way 난 차 라 리 - 꽉

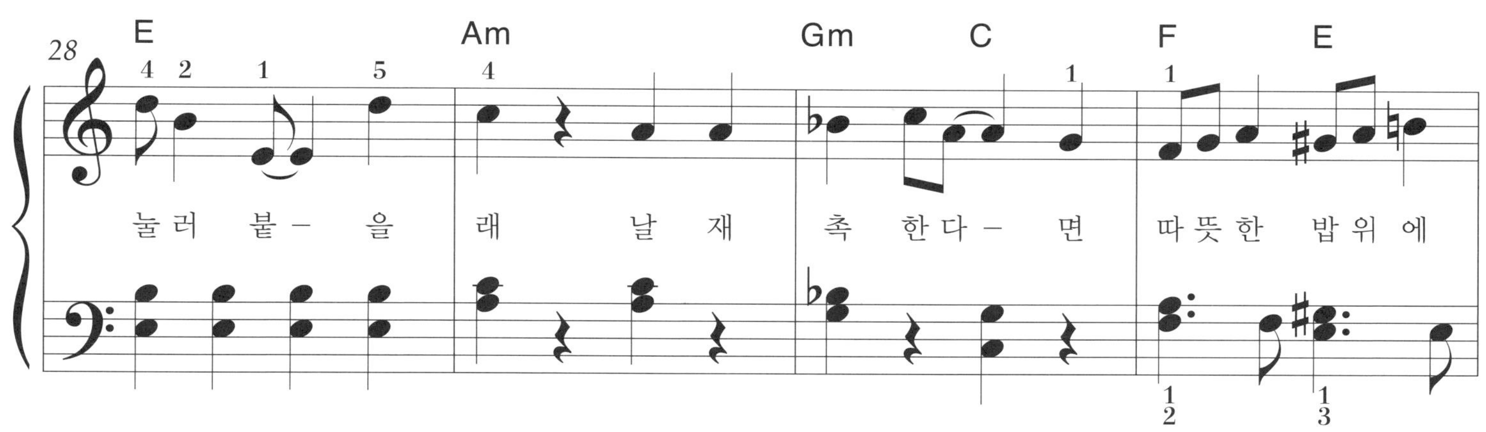

E Am Gm C F E
눌러 붙 - 을 래 날 재 촉 한다 - 면 따뜻한 밥위에

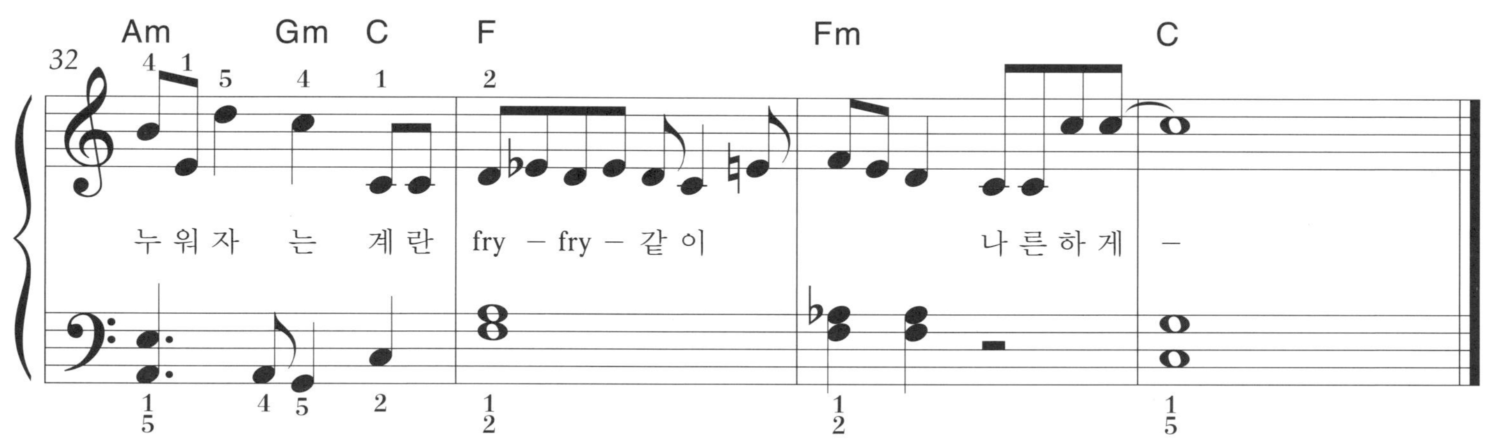

Am Gm C F Fm C
누 워자 는 계 란 fry - fry - 같이 나 른 하 게 -

Love Lee

이찬혁 작사
이찬혁 외 2명 작곡
악뮤(AKMU) 노래

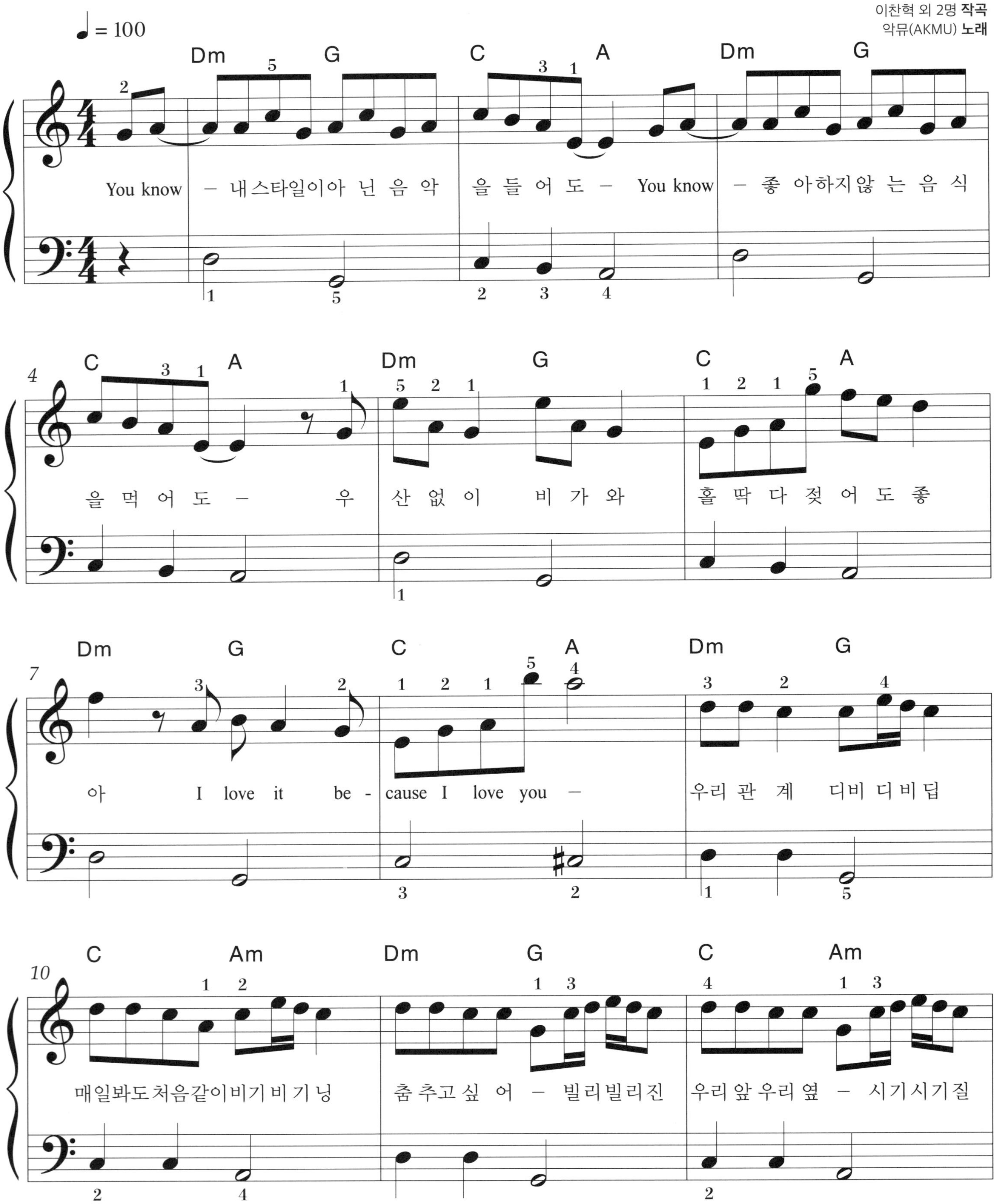

♩ = 100

Dm G C Am Dm G
투   자유로운 날 갯짓 훨 훨   훨   꽃송이가 나 를 삼 킬   걸   알 면서 난 뛰어 들 었
C Am Dm G C A7
어   Jump j-j-jump jump jump So   love-ly day so love-ly   Err - day with you so love-ly
Dm G C A7 Dm G
Du   du-ru - du   du-ru - du du du-ru - du   Spell   L. o. v. e. L. e. e.
C A7 Dm G C A
이름만 불러도 you can feel me   눈 빛 만 봐 도 알 면   서 my   love —

해야
(HEYA)

이스란 외 2명 작사
Ryan S. Jhun 외 5명 작곡
아이브(IVE) 노래

Am   E   Am
다 자꾸 널 보면 탐이 탐이 나   해 야 해 야 해 야   한입
Am
에널 삼킬 때 야   탐이 탐이 나   해 야 해 야 해 야   이미
Am
내가이긴 패 야널보면탐이탐이 나   해 야 해 야 해 야 뜨겁게떠오르는해 야   별 안 간
Dm   E   Am
홀 린 그 순간 ─ Bite ─ ─ ─   Da da   da dun dun   dun

CAKE

전군 작사
라도 외 1명 작곡
있지(ITZY) 노래

11
C
똑 같은 - 건 뻔 해 또 다

른 걸 난 - 원 해 chase 어 떻 게 모 두 를 다 맞춰 줘
F

14
F
존 중 해 줘 I do me you do

C
you - You & I 너 는 너 나 는 나 좋잖아 -

17
C
Cake cake can't wait till I bite them

어 차 피 인 생 은 내 꺼

Baam baam can't wait till I shoot them

20
C
뭘 그리 복 잡 해 매 번 Shake it

F
shake shake it shake shake it shake Bust it

up   bust it up bust it up 우린

C
23
E
너무 나 바빠 yeah like my birth-day — May - be 쉽지 않아 a-ny-way —

Am G F C E Am G F
26
생각 대로 e-very-day — 고민 고민 대신에 — 나만 생각 해 이제 —

C E Am G F
29
다 괜찮아 어때 껌이라고 난 생각 해 —

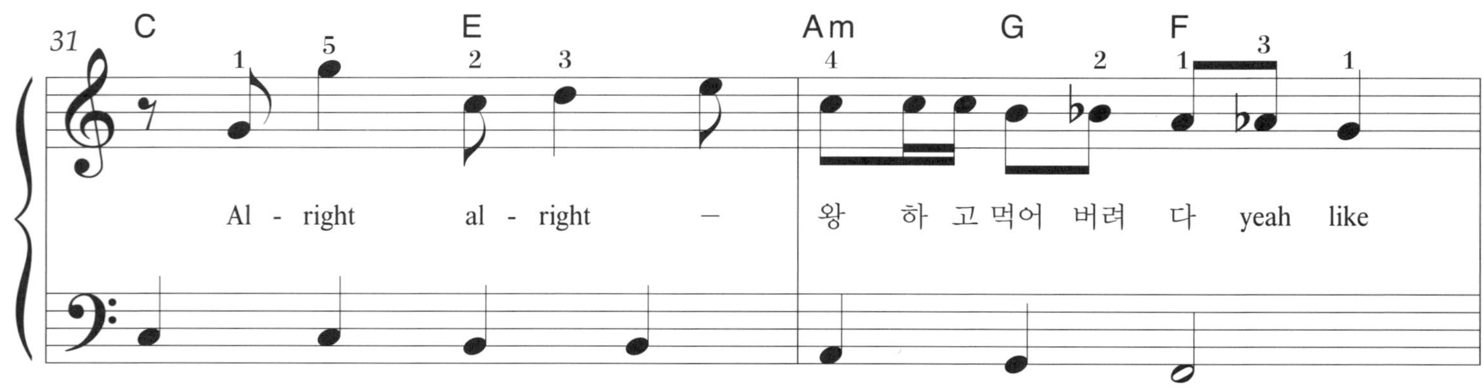

C E Am G F
31
Al - right al - right — 왕 하고 먹어 버려 다 yeah like

33
C
CAKE   CAKE   CAKE   CAKE   CAKE   It's a piece of CAKE   CAKE   CAKE   CAKE   CAKE

35
C 7
CAKE CAKE CAKE CAKE CAKE   Yeah piece of CAKE CAKE CAKE CAKE   CAKE   Ooh

37
F 7
wee   la la la la   la la la Ooh   wee   la   la la la   la la la

39
C 7
왕   하 고 먹어 버려 다 yeah like   CAKE CAKE CAKE CAKE CAKE

Impossible

Dewain Whitmore Jr 외 3명 **작사**
Dewain Whitmore Jr 외 2명 **작곡**
라이즈(RIIZE) **노래**

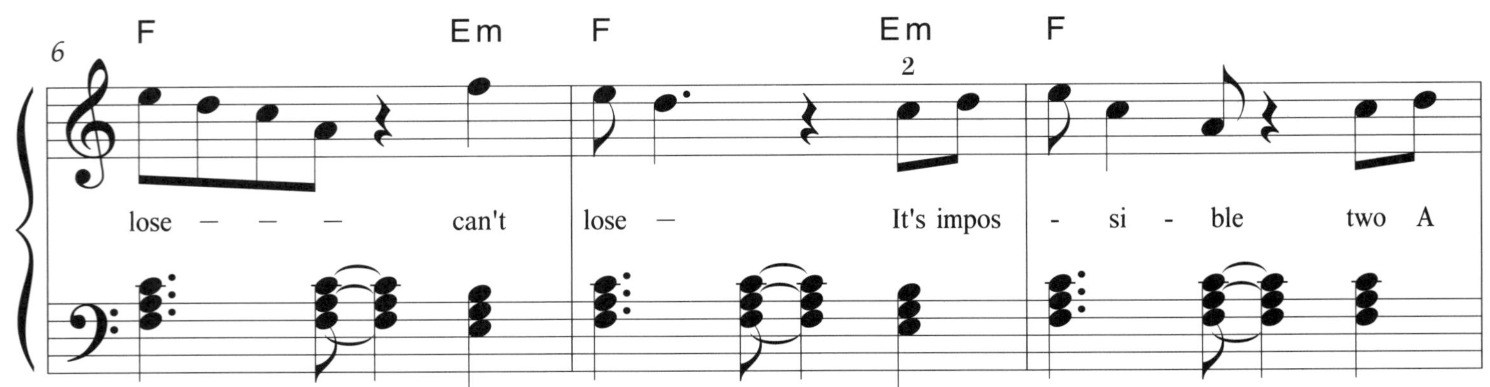

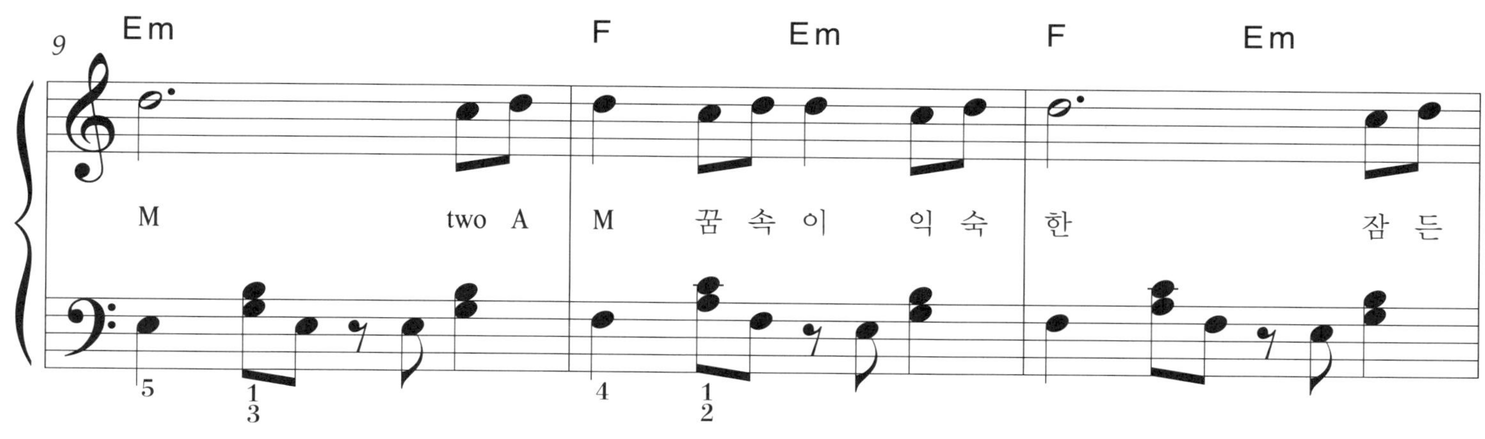
Em
F   Em
F   Em
M   two A   M 꿈 속 이 익 숙 한   잠 든

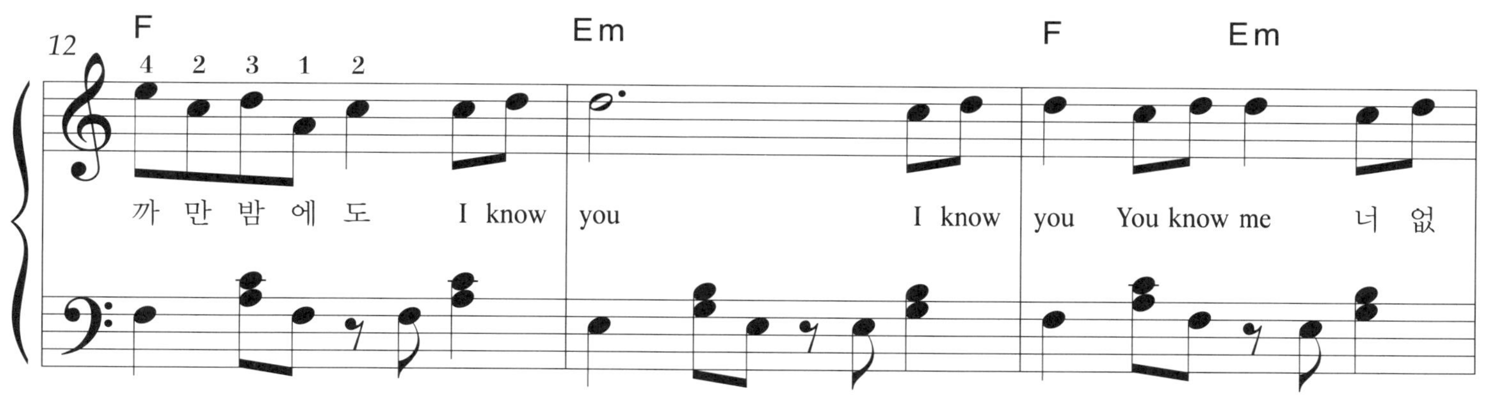
F
Em
F   Em
까 만 밤 에 도 I know you   I know you You know me 너 없

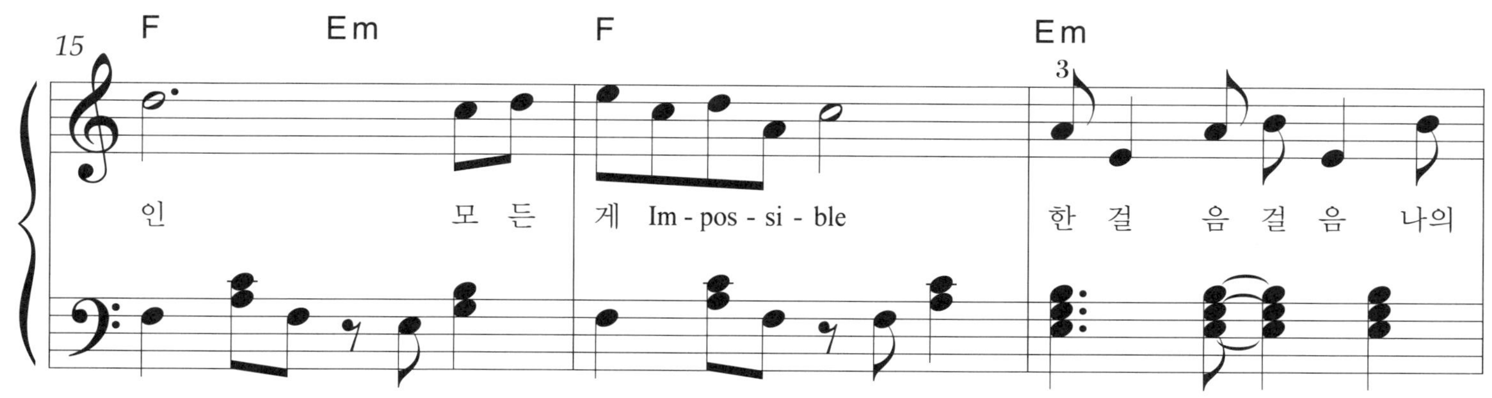
F   Em
F
Em
인   모 든 게 Im - pos - si - ble   한 걸 음 걸 음 나 의

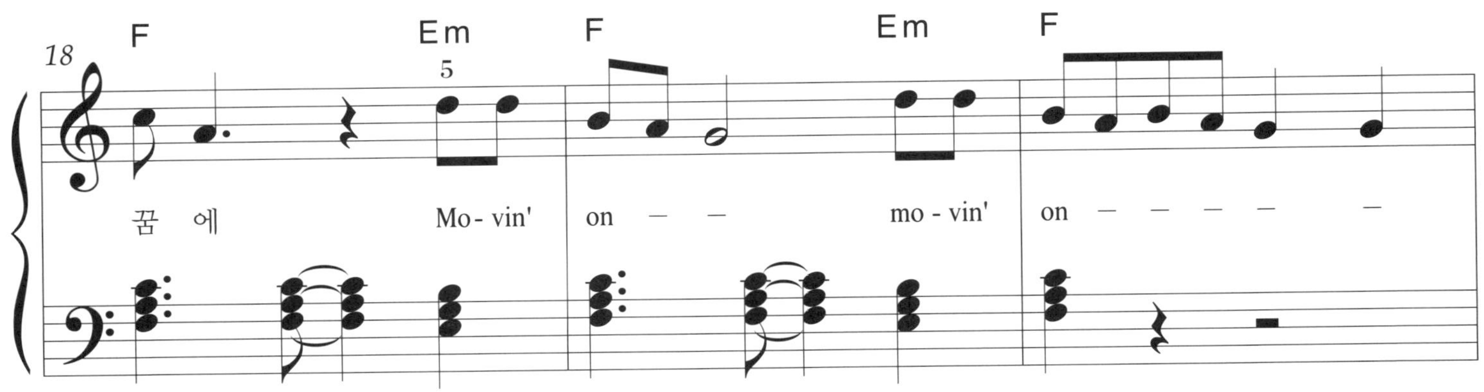

F   Em   F   Em   F
꿈 에   Mo-vin' on — —   mo-vin' on — — — — —

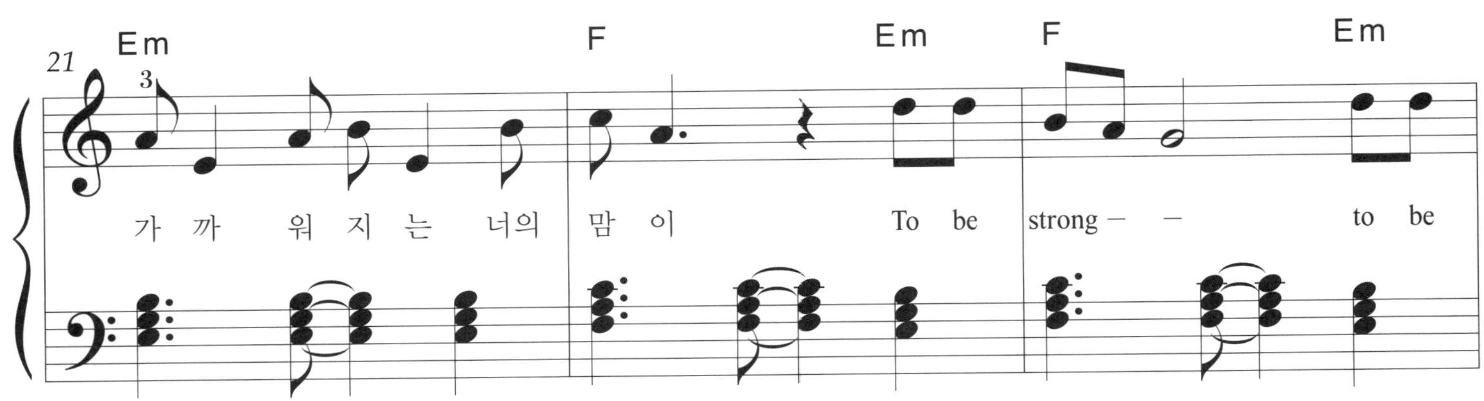

Em   F   Em   F   Em
가 까 워 지 는 너의 맘 이   To be strong — —   to be

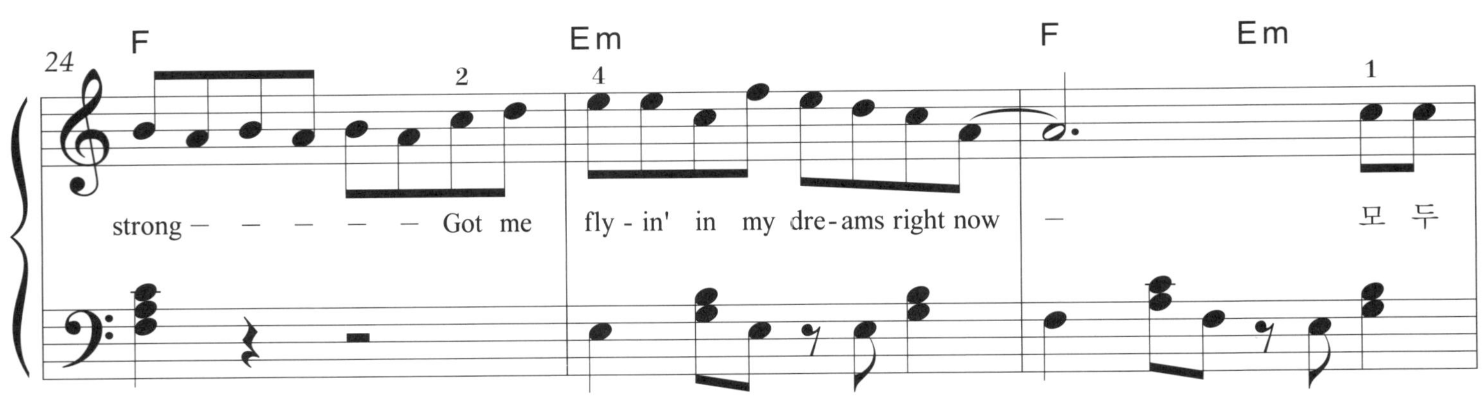

F   Em   F   Em
strong — — — — — Got me fly-in' in my dre-ams right now   —   모 두

F   Em   F   Em
가 불 가 능 해 안 된 다 고 하 지 왜 Can't   lose —   can't

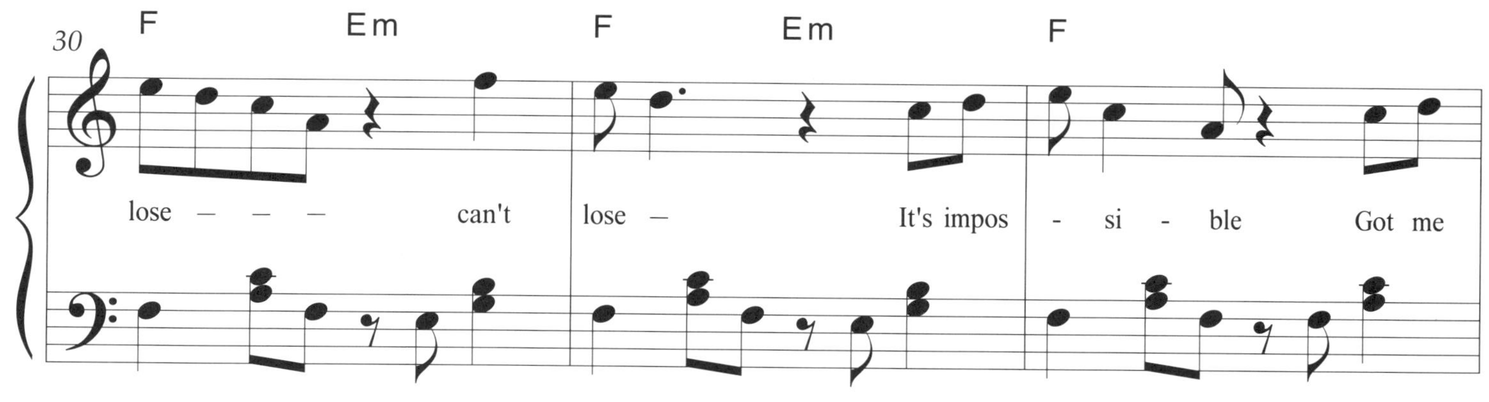

F   Em   F   Em   F
lose — — can't lose — It's impos - si - ble Got me

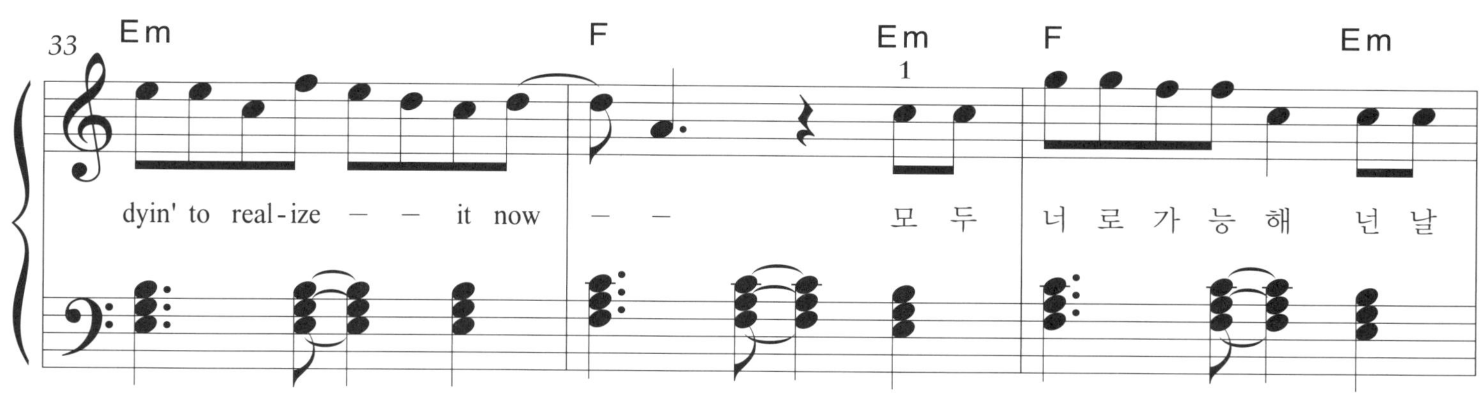

Em   F   Em   F   Em
dyin' to real-ize — — it now — — 모 두 너 로 가 능 해 넌 날

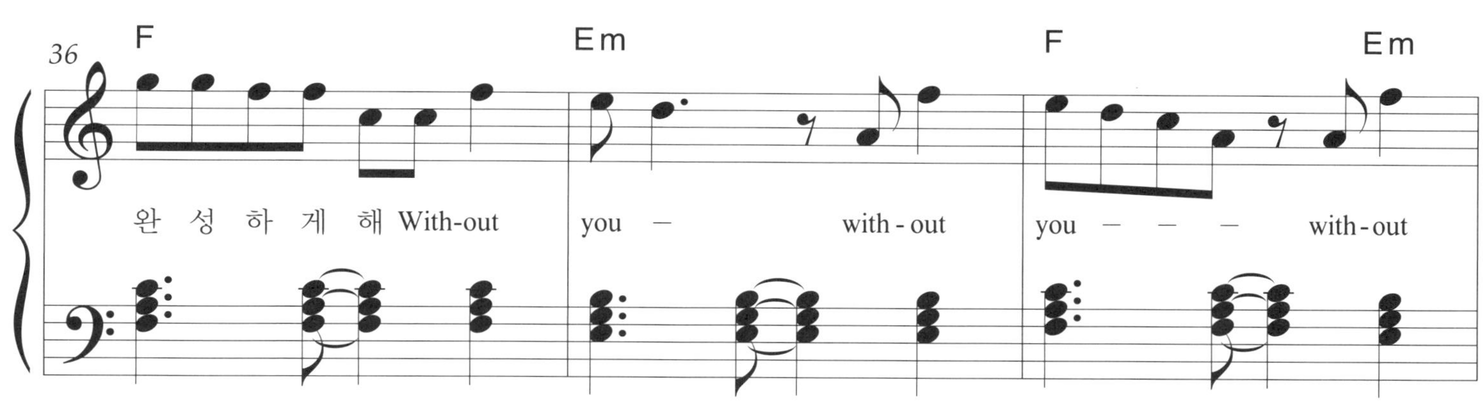

F   Em   F   Em
완 성 하 게 해 With-out you — with - out you — — — with-out

F   Em   F
you — It's im - pos - si - ble

Supernova

KENZIE 작사
KENZIE 외 3명 작곡
에스파(aespa) 노래

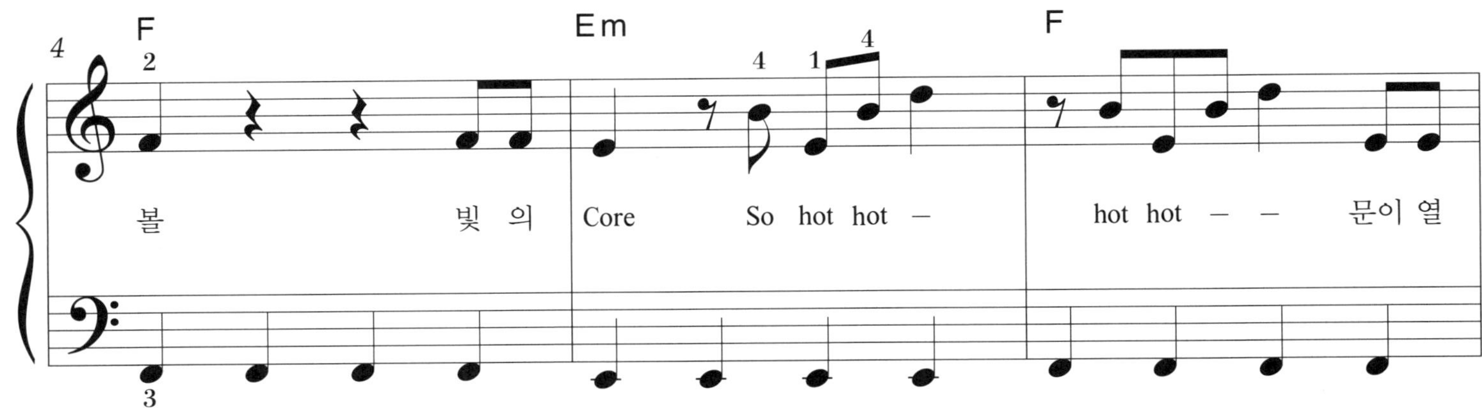

10
F
Em
F
너 누 구 야 Drop
사건 은 다가 와 Ah Oh Ay
거세 게 커져 가 Ah Oh Ay

13
Em
F
Em
That tick that tick tick bomb —
That tick that tick tick bomb —
감히 건드 리 지 못

16
F
Em
— 할 걸   누 구도 말이야
지금 내안 에선
Su su su Su-pernova No -

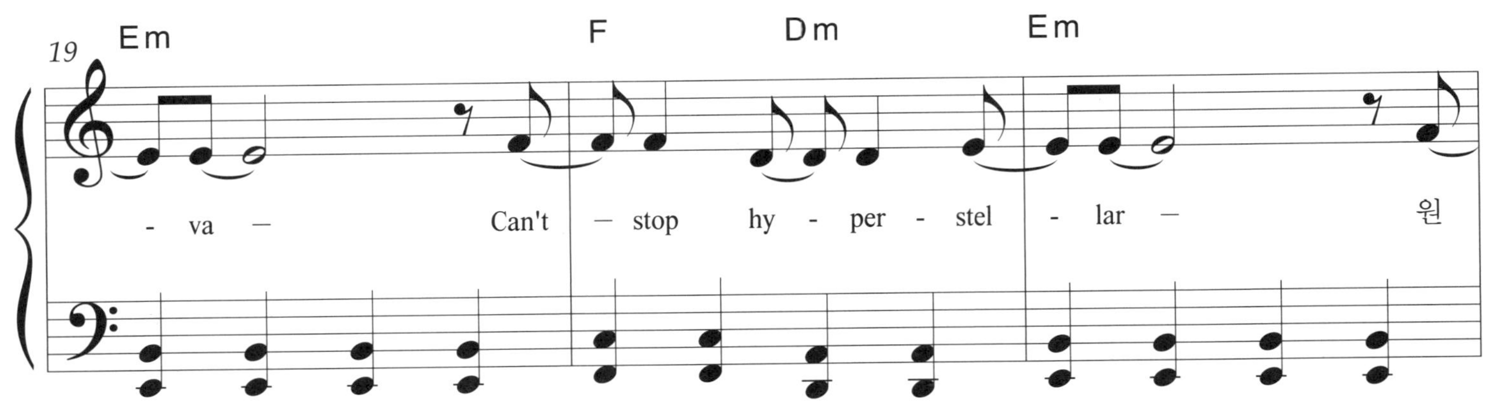

19 Em   F   Dm   Em
- va —   Can't — stop hy - per - stel - lar —   원

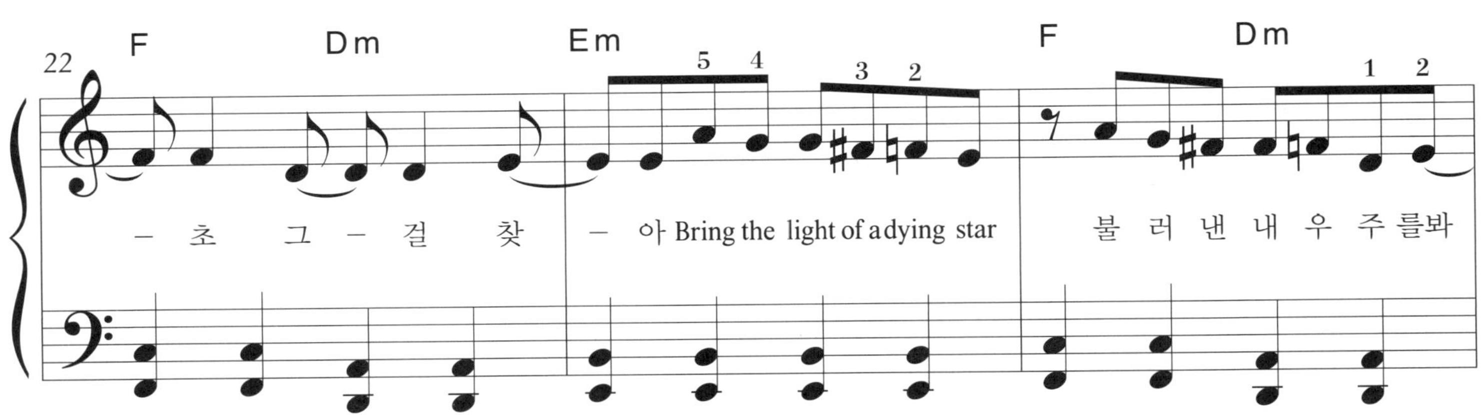

22 F   Dm   Em
- 초 그 - 걸 찾 — 아 Bring the light of a dying star 불 러 낸 내 우 주 를 봐

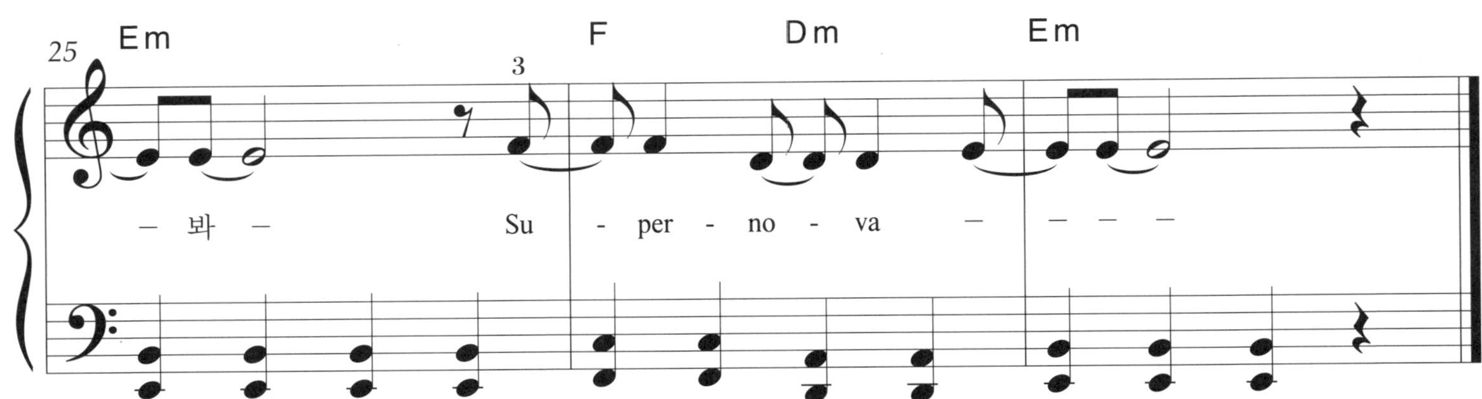

25 Em   F   Dm   Em
- 봐 —   Su - per - no - va — — — —

Get A Guitar

방혜현 외 5명 작사
Peter Wallevik 외 3명 작곡
라이즈(RIIZE) 노래

F   G   Am   F
Ooh ba - by ooh   I love it 너와맞추는 눈 — Ooh ba - by ooh   I

G   Am   F   G   Am
love it 너와맞추는 춤 — Rhy-thm 속 에 그 려 보 는 햇 살 가 득 담 은꿈 – In my

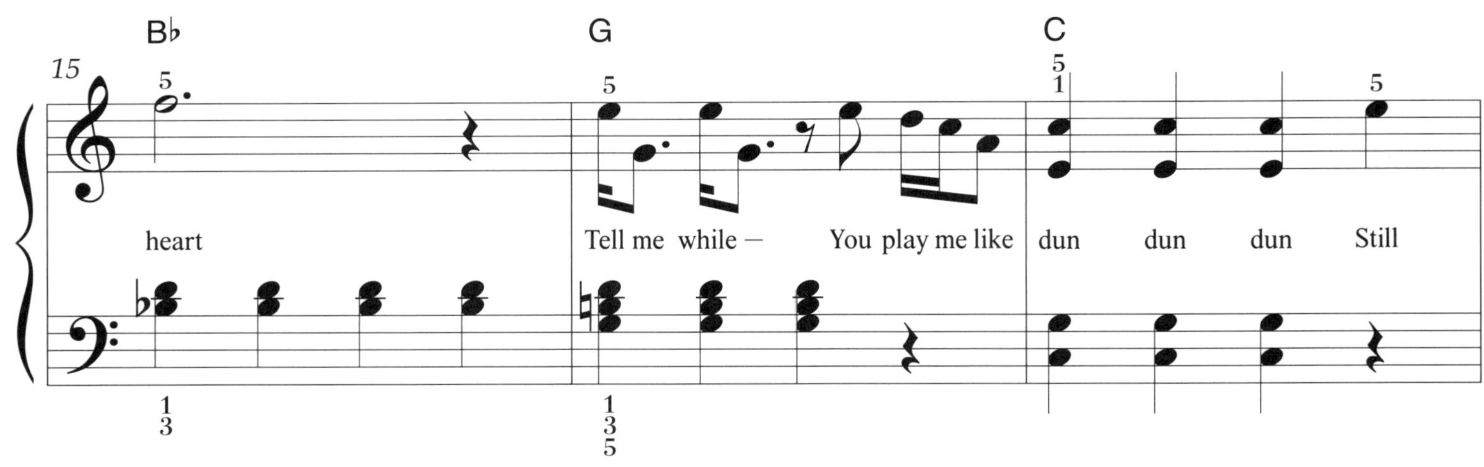

B♭   G   C
heart   Tell me while — You play me like dun dun dun Still

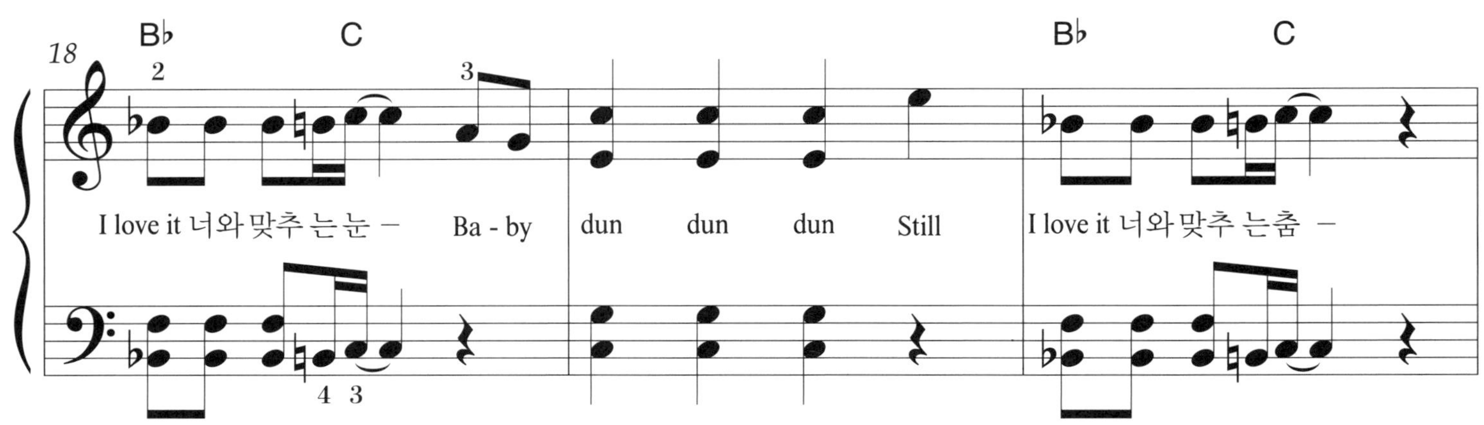

B♭   C   B♭   C
I love it 너와맞추 는 눈 — Ba - by dun dun dun Still I love it 너와맞추 는춤 —

C7
Get get get get a gui-tar— Get
B♭   C   C7
get get get a gui-tar —
Get get get get a gui-tar— get

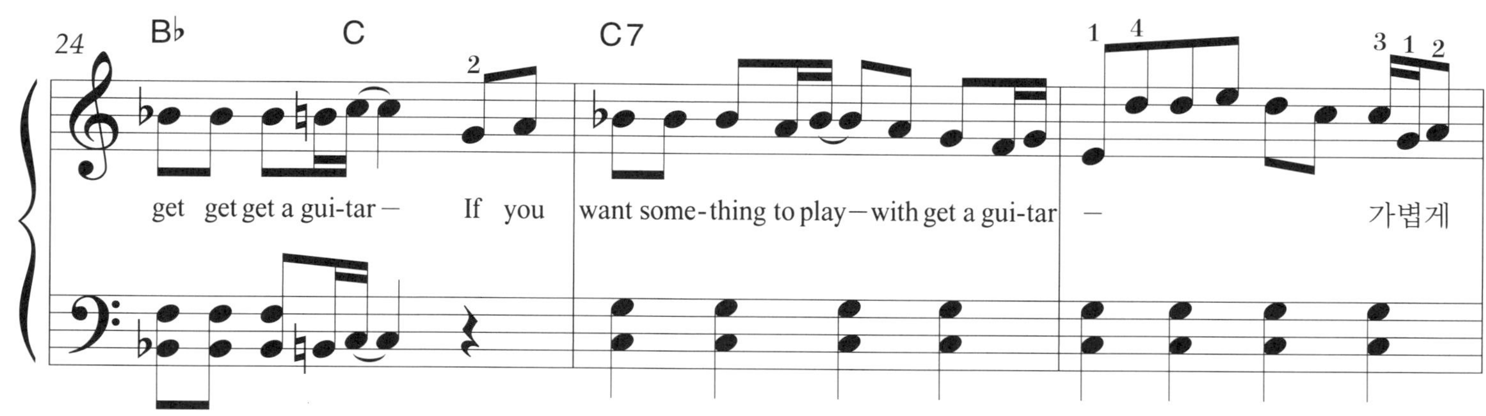

B♭   C   C7
get get get a gui-tar— If you want some-thing to play—with get a gui-tar —
가볍게

C7   F7
툭 어 깨 에메— 고 시작 해봐 —
불 타 오를 Love and youth

F7   C7
외 치는순간 Feel the vibe 맘이 가 는 대 로 Play it get a gui-tar —

Yes or No

(Feat. 허윤진 of LE SSERAFIM, Crush)

허윤진 외 4명 **작사**
이민수 외 6명 **작곡**
그루비룸(Groovyroom) **노래**

♩=131

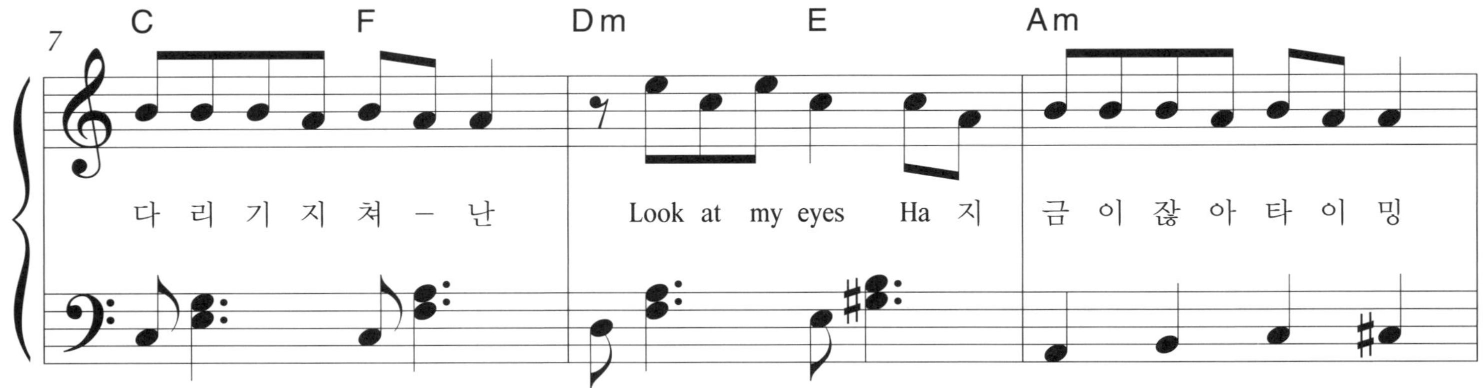

Dm   G   C   F   Dm   E
Feel — —your-self   and   free — —your-self   If you   feel — me   말 해

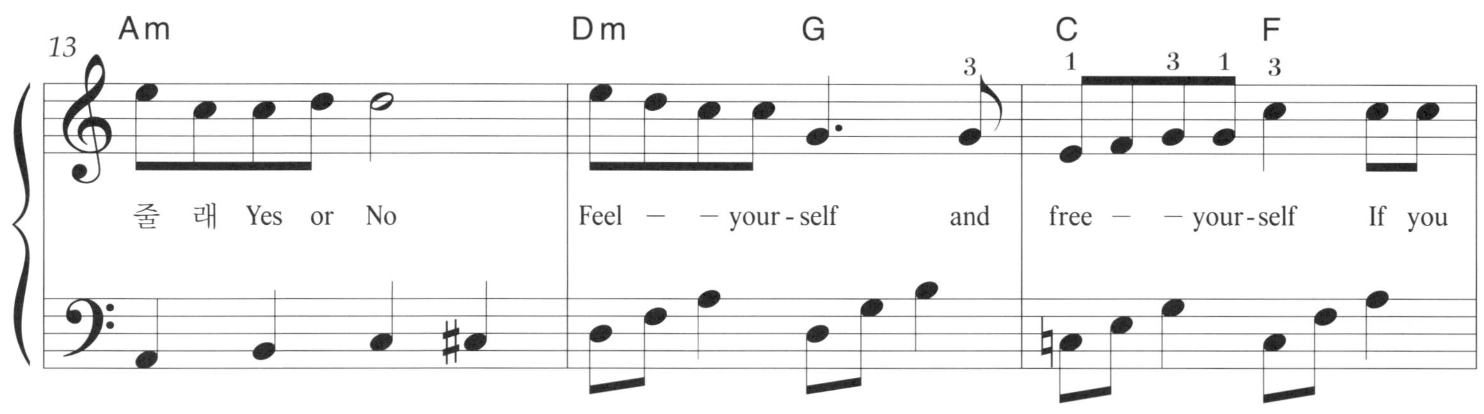

Am   Dm   G   C   F
줄 래 Yes or No   Feel — —your-self   and   free — —your-self   If you

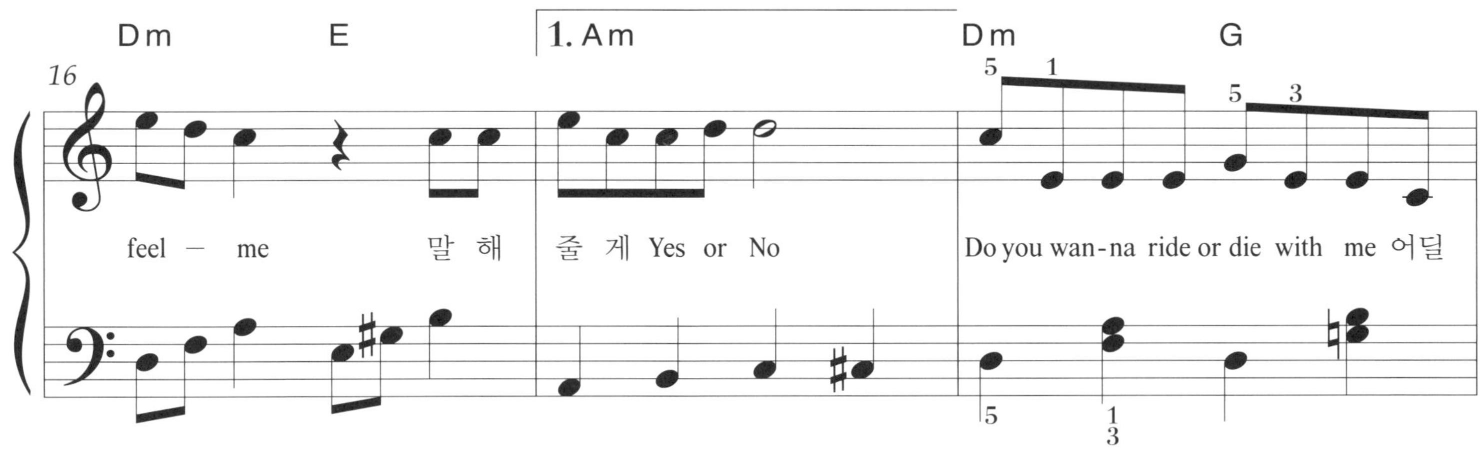

Dm   E   1. Am   Dm   G
feel — me   말 해   줄 게 Yes or No   Do you wan-na ride or die with me 어딜

C   F   Dm   E   Am
가 든 지 따라와 줄 거 야   아니 면서 계속맴 돌 지 자꾸   내 주 위를 좁혀가 우 리 사이

Dm   G   C   F   Dm   E
I've never been the one to plead 'cause boys are cheap 차라리 끝내자   But I know 결 국 다

Am   Dm   G   C   F
시 back on repeat 처 음 부 터   달 랐 어 - 불 길 하   게 달 콤 한 느 낌 -

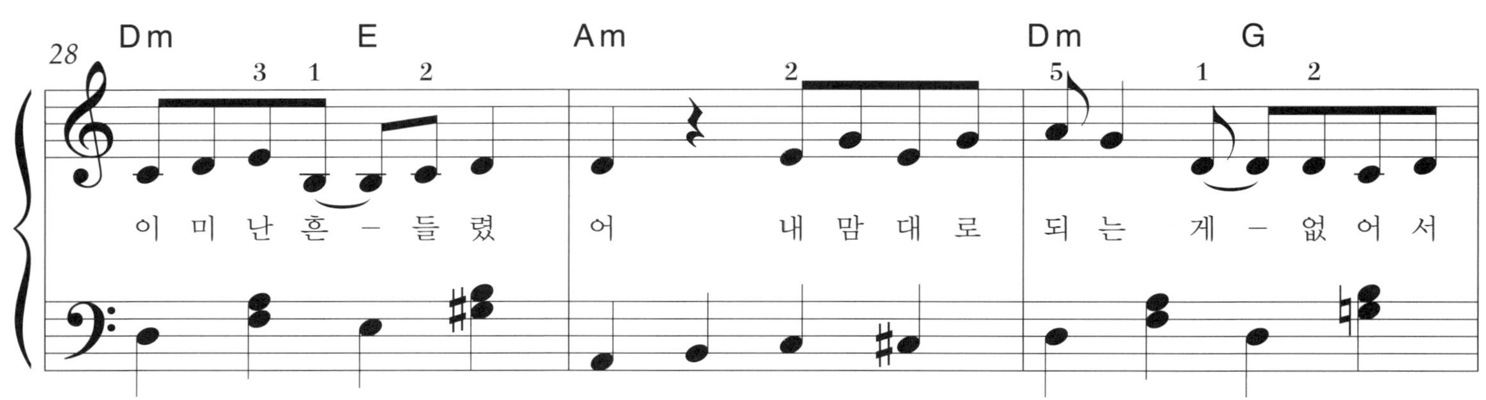

Dm   E   Am   Dm   G
이 미 난 흔 - 들 렸   어   내 맘 대 로   되 는 게 - 없 어 서

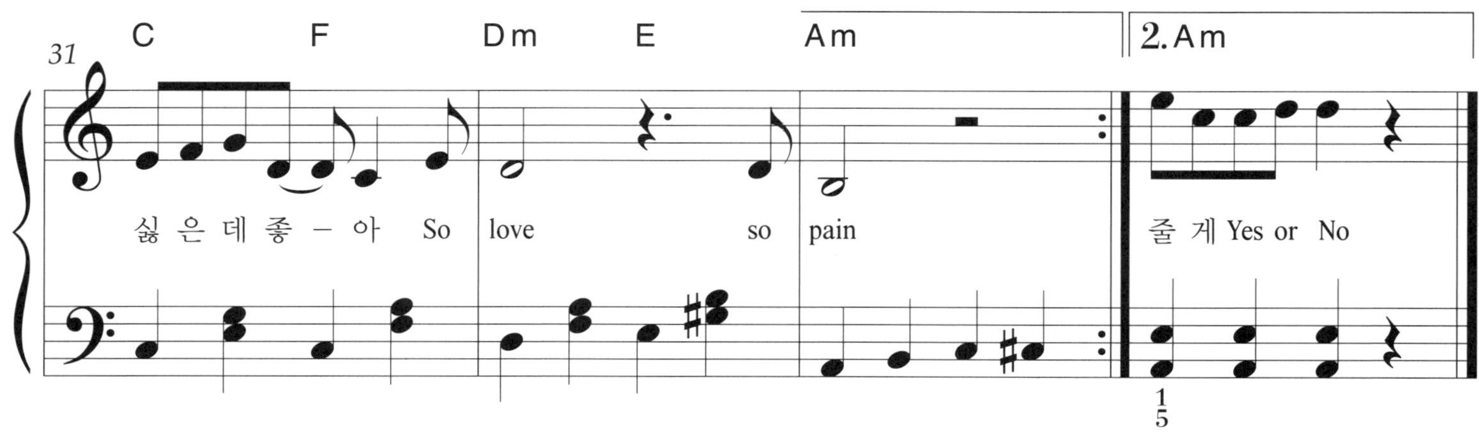

C   F   Dm   E   Am   2. Am
싫 은 데 좋 - 아 So love   so pain   줄 게 Yes or No

Midas Touch

온딘 외 5명 **작사**
온딘 외 3명 **작곡**
키스오브라이프(KISS OF LIFE) **노래**

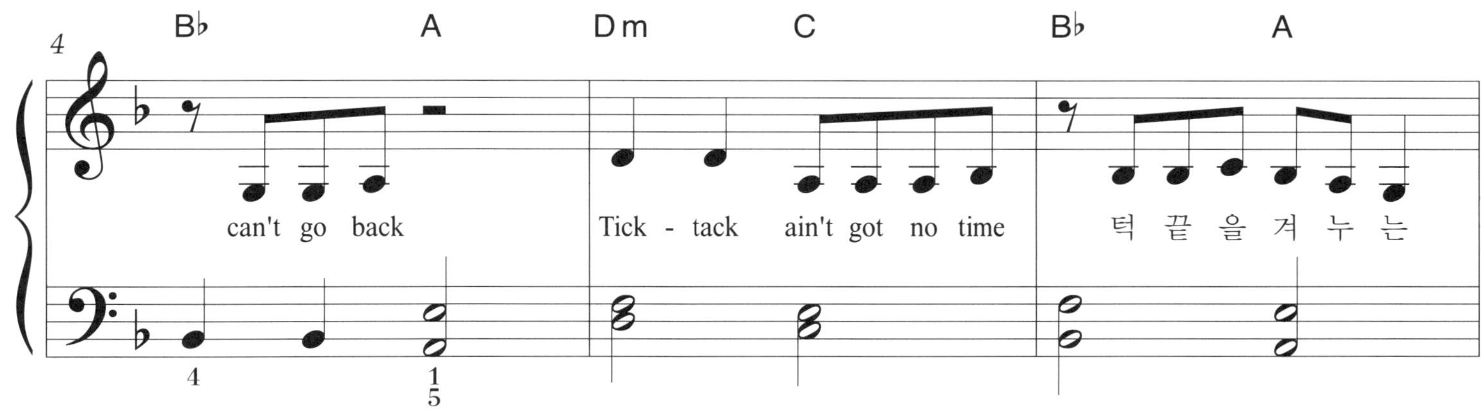

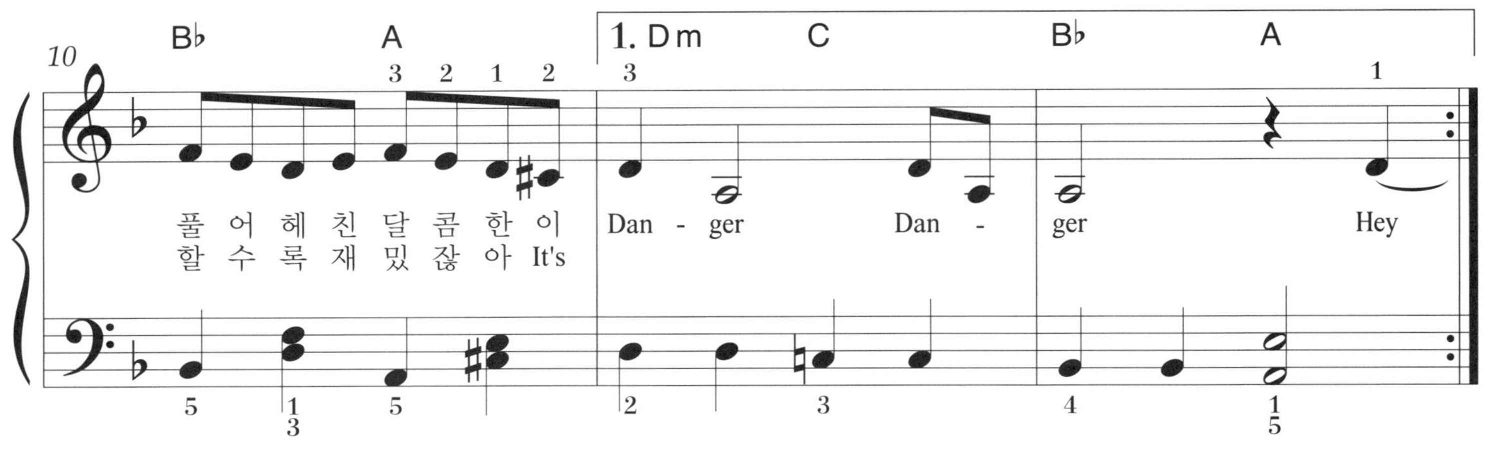

B♭   A   1. Dm   C   B♭   A
3 2 1 2   3
풀 어 헤 친 달 콤 한 이
할 수 록 재 밌 잖 아 It's
Dan - ger   Dan - ger   Hey
5   1 3 5   2   3   4   1 5

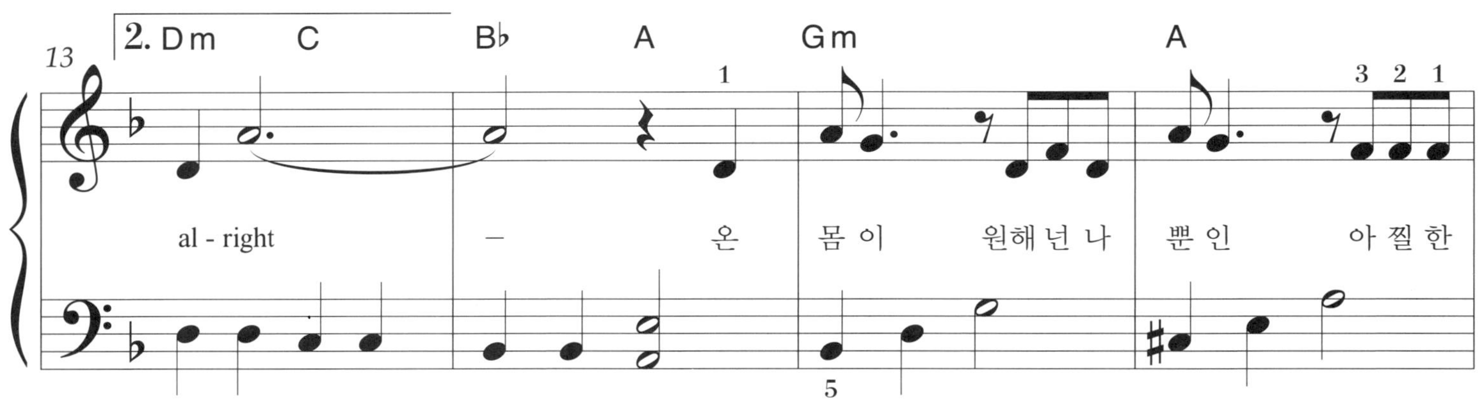

2. Dm   C   B♭   A   Gm   A
1   3 2 1
al - right   —   온 몸 이 원해 넌 나 뿐 인 아 찔 한
5

Dm   G   Gm
5   1 4   5
Love-sick 밤 — 새 날   앓 게 돼   I warned you   —   with a sin -

A
Bb
A
- gle ─ touch ─ boy 도
망 쳐 봐 어 차 피 날 벗
어 날 수 없 어 When I

Dm
C
Bb
A
Dm
C
touch ya kiss ya
You're gon rea - lize
Baby don't you

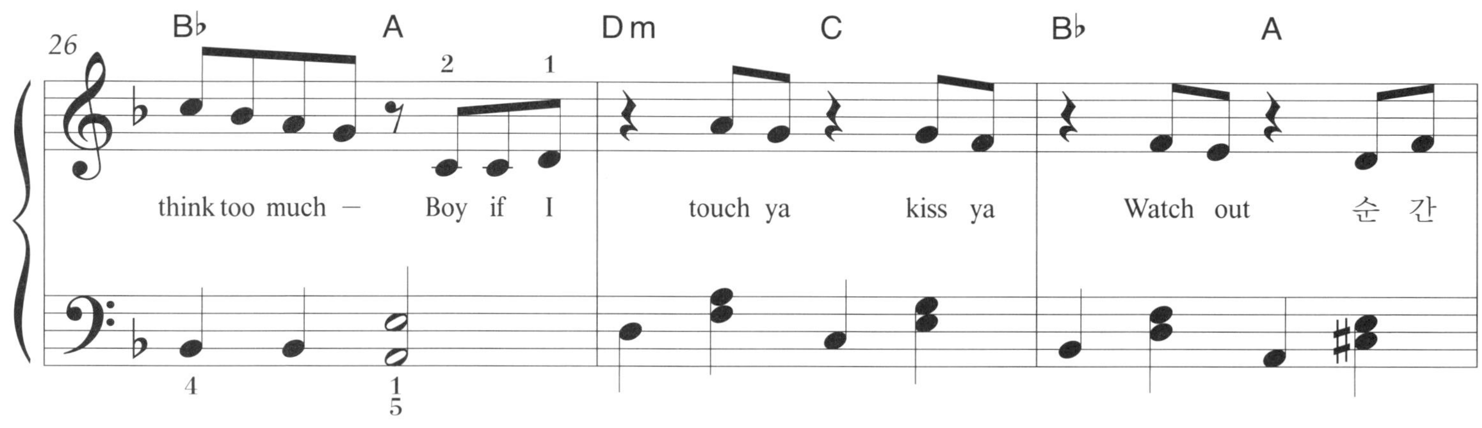
Bb
A
Dm
C
Bb
A
think too much ─ Boy if I
touch ya kiss ya
Watch out 순 간

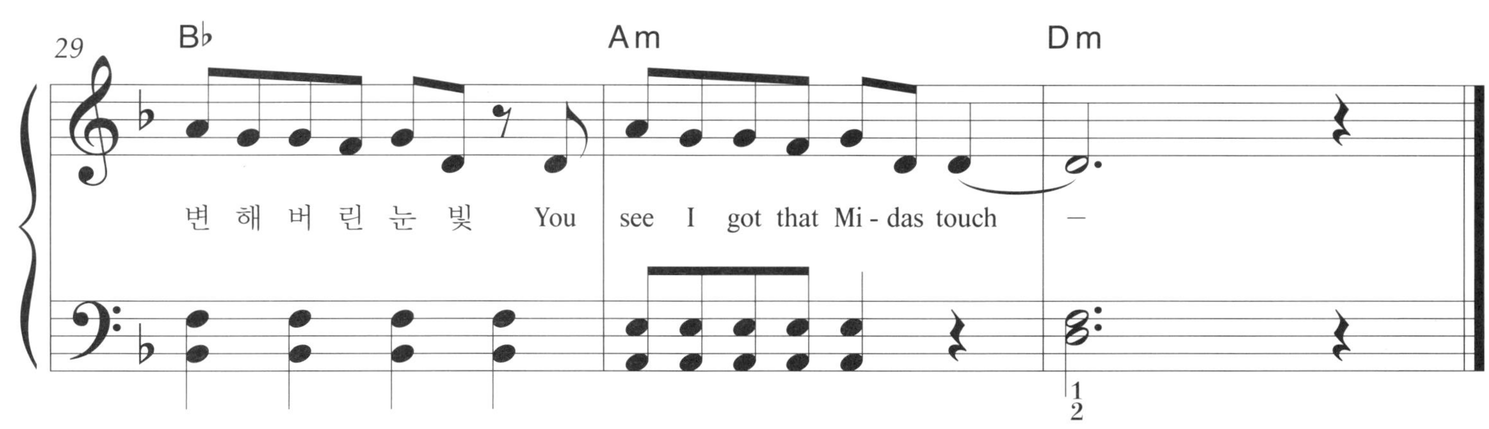
Bb
Am
Dm
변 해 버 린 눈 빛 You
see I got that Mi - das touch ─

SHEESH

최현석 외 6명 **작사**
최현석 외 5명 **작곡**
베이비몬스터(BABYMONSTER) **노래**

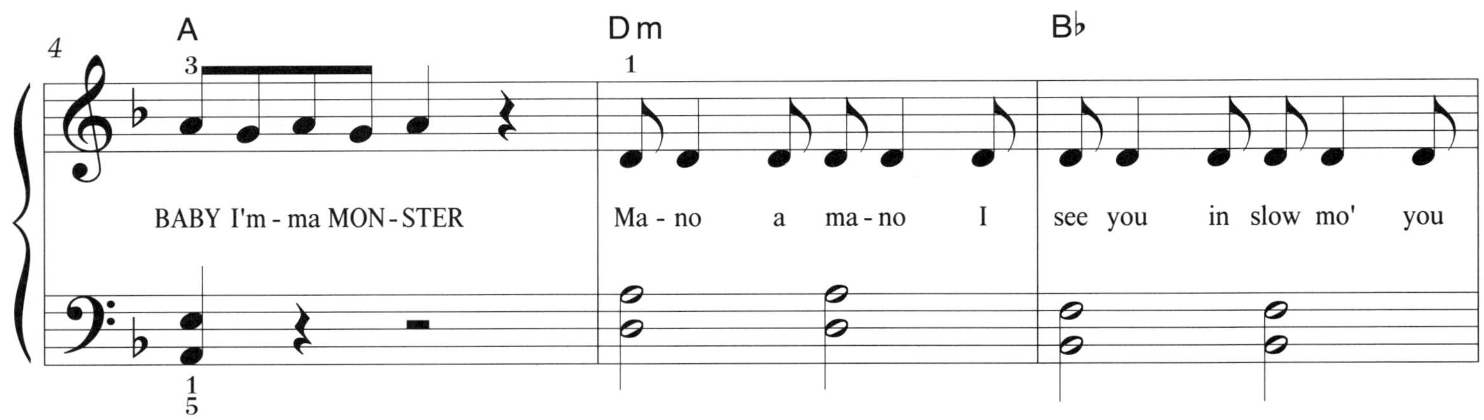

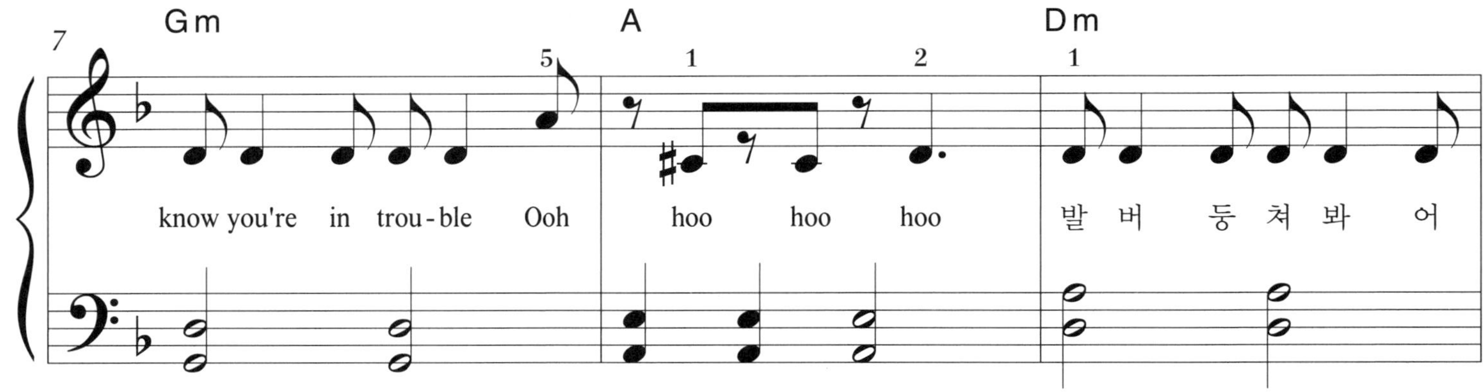

10
B♭
Gm
A
2   1 5 2
차 피 손바닥 위 에서 못 나 가 You know that 눈을뜬 순

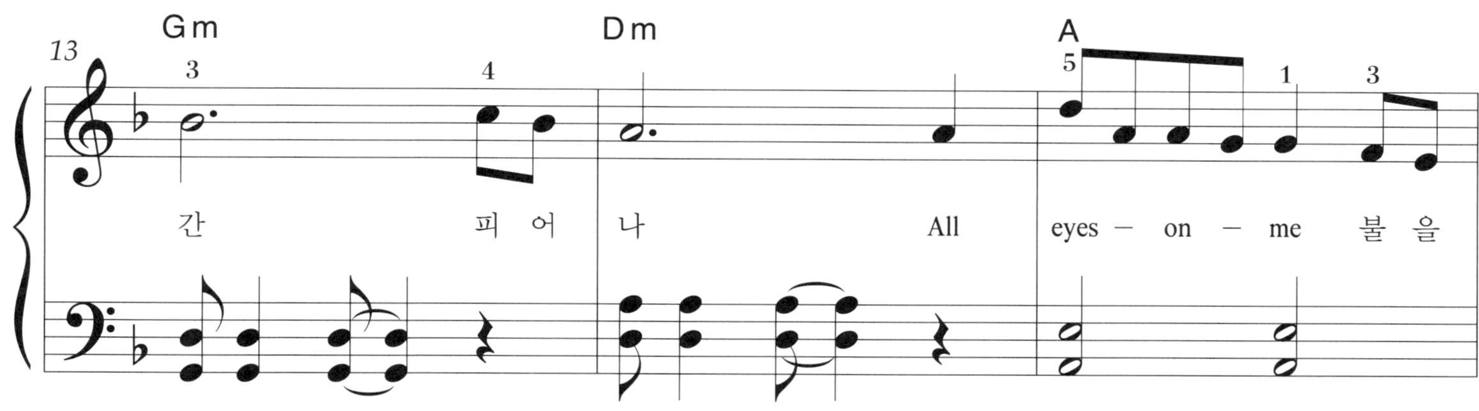

13
Gm
3   4
Dm
A
5   1   3
간 피 어 나 All eyes — on — me 불을

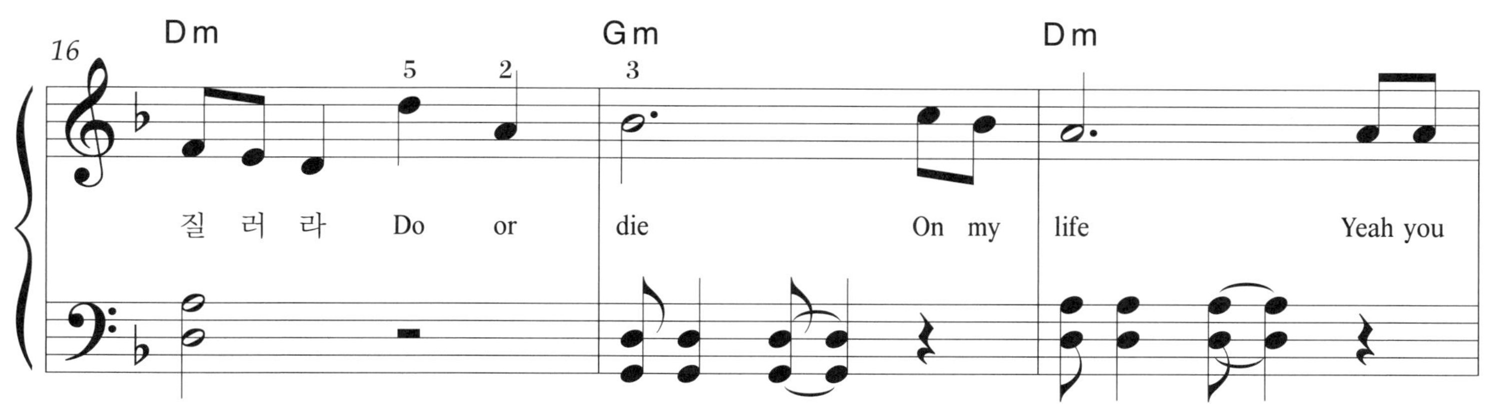

16
Dm
5 2 3
Gm
Dm
질 러 라 Do or die On my life Yeah you

A
Dm
ain't — seen noth - ing yet Got them all going Sheesh Sheesh

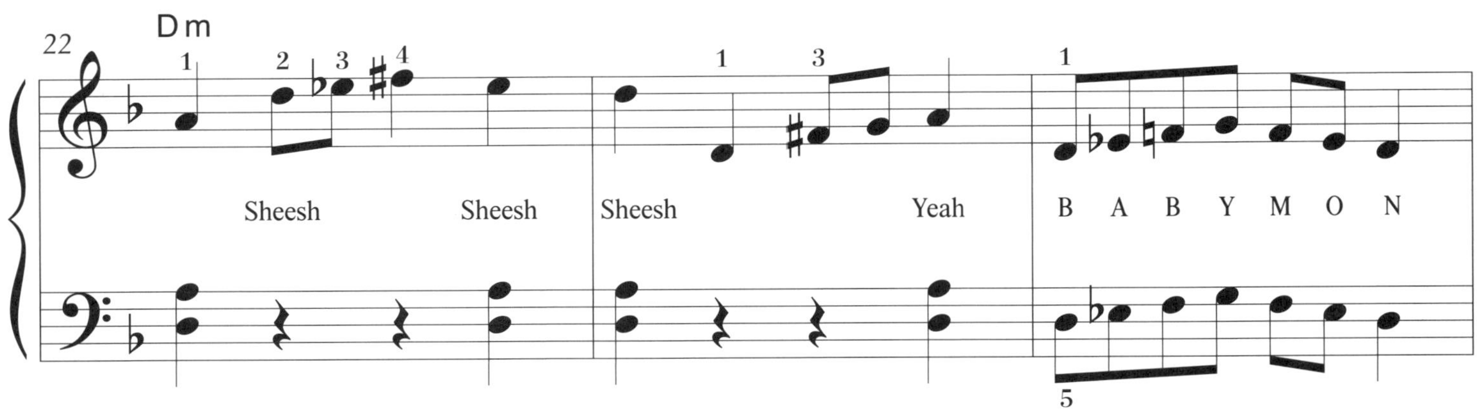

Dm
Sheesh Sheesh Sheesh Yeah B A B Y M O N

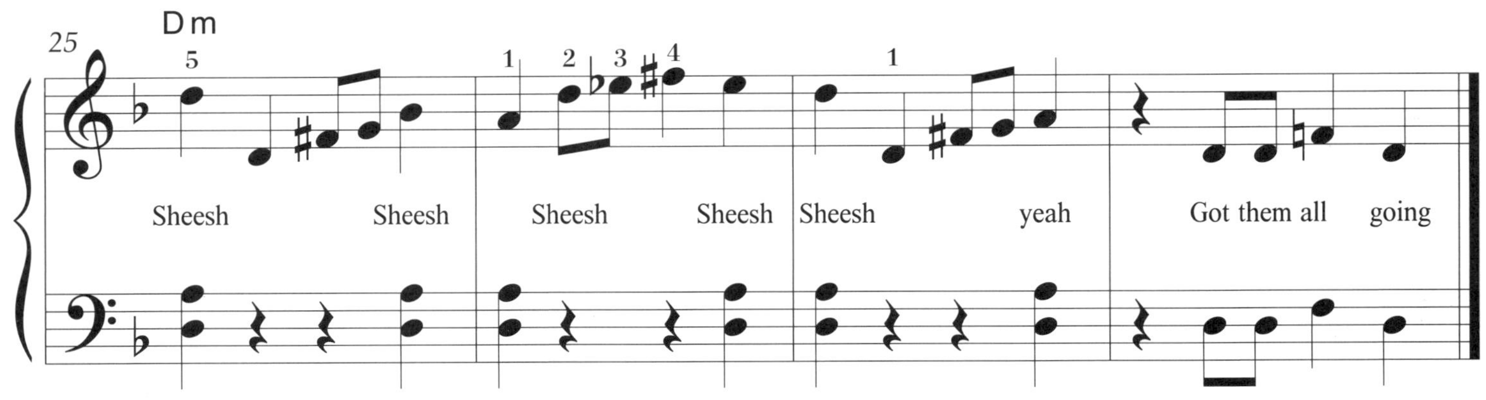

Dm
Sheesh Sheesh Sheesh Sheesh Sheesh yeah Got them all going

SPOT!
(Feat. JENNIE)

지코 외 3명 **작사**
지코 외 1명 **작곡**
지코(ZICO) **노래**

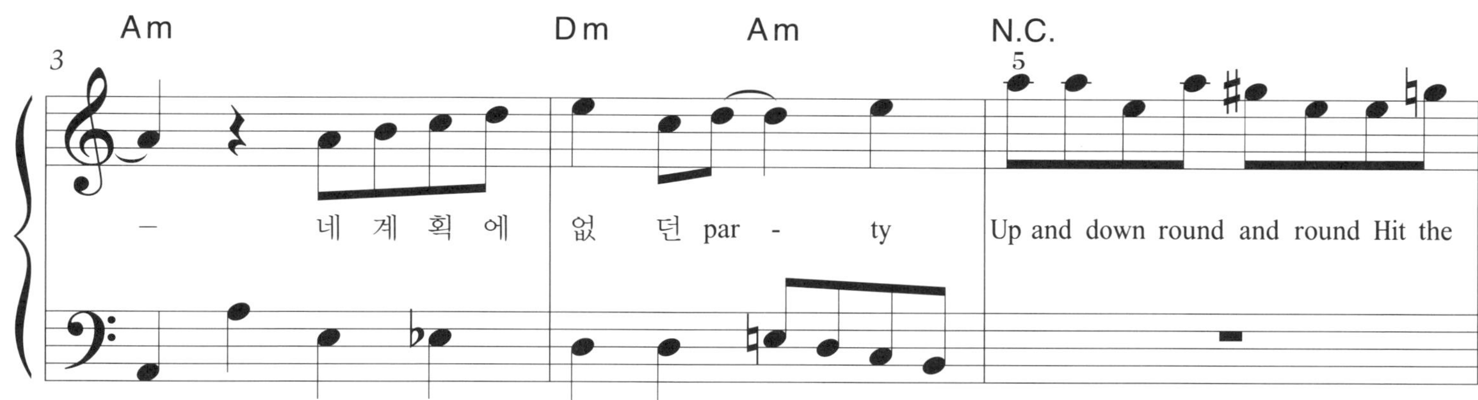

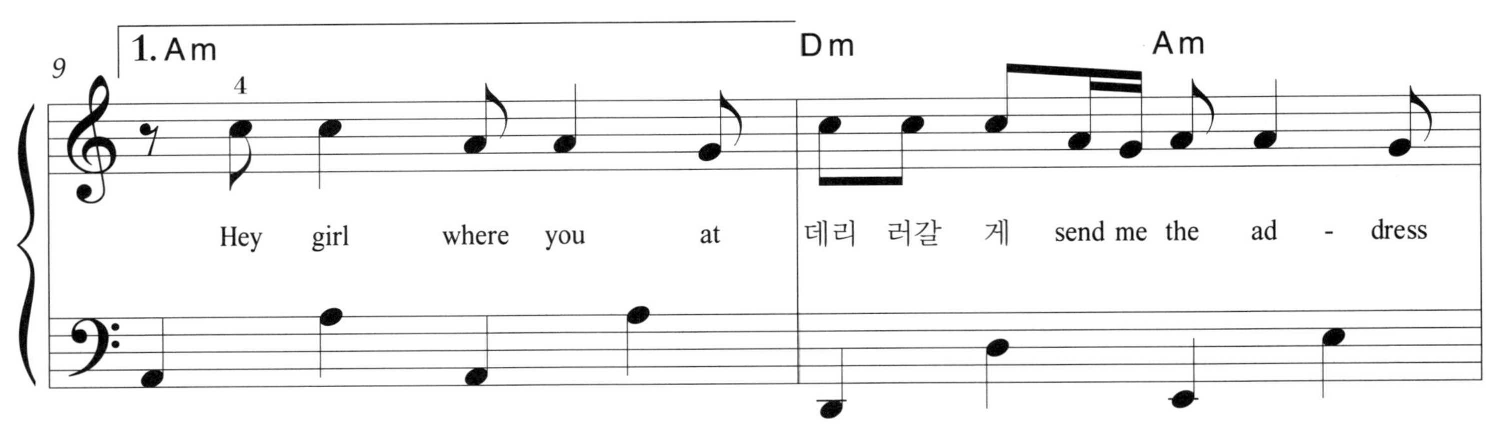

1. Am
Dm
Am
Hey girl where you at 데리 러갈 게 send me the ad - dress

Am
Dm
Am
No dress code 대 충걸치 면돼 우린 꾸 밈없 고 나 머진 억 텐

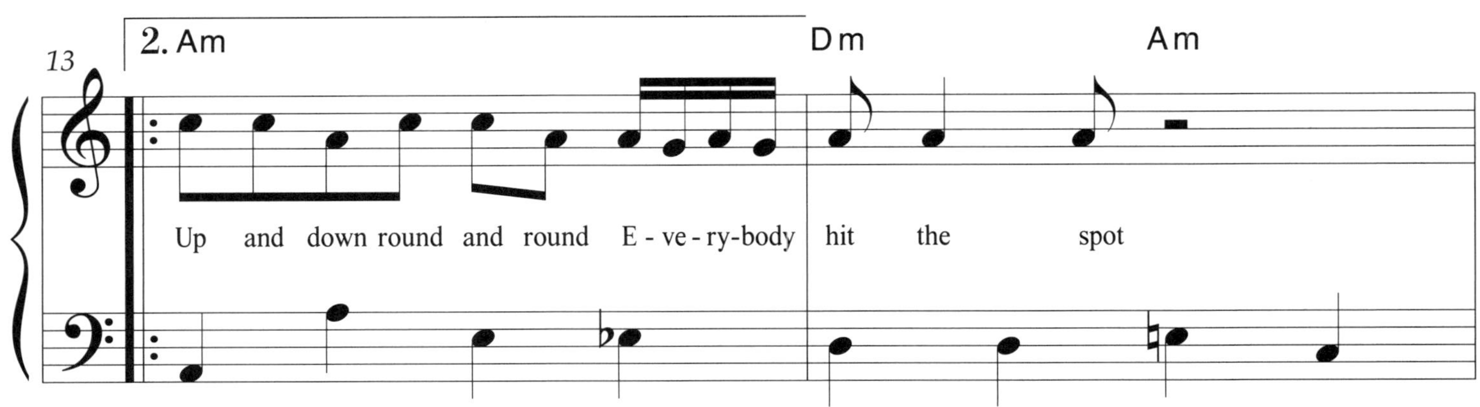

2. Am
Dm
Am
Up and down round and round E - ve - ry-body hit the spot

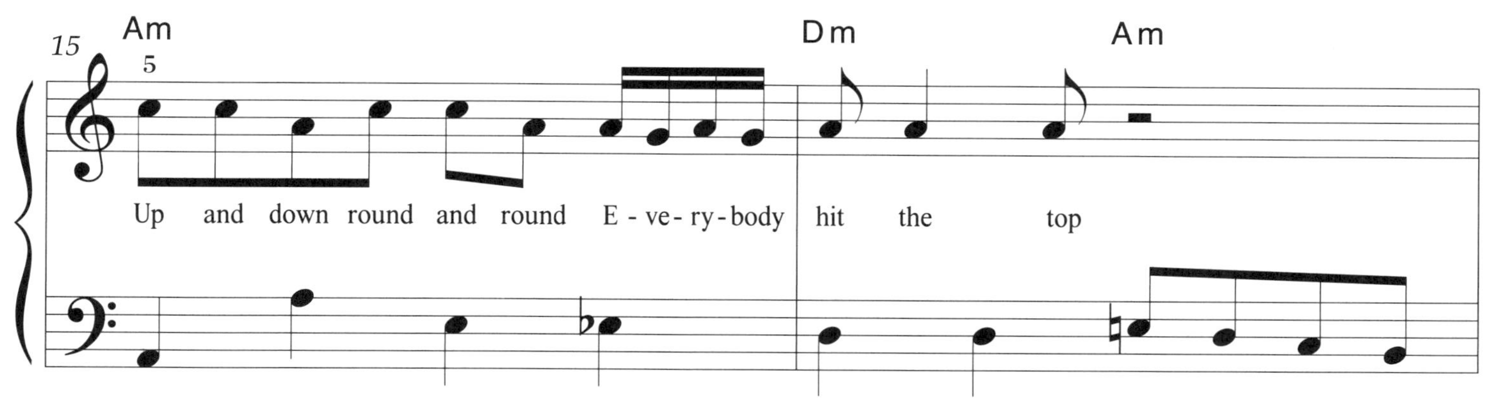

Am
Dm
Am
Up and down round and round E - ve - ry - body hit the top

Am
Dm
Am
Up and down round and round Eve - ry - bo - dy make it loud make it loud

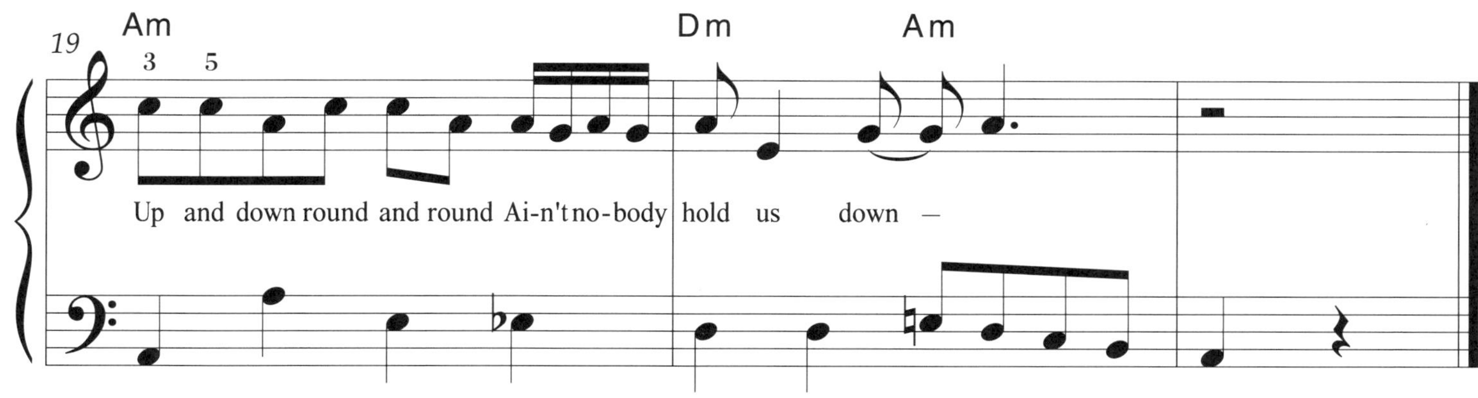

Am
Dm
Am
Up and down round and round Ai-n't no-body hold us down —

Joy's
EASY TO PLAY
K*POP
FOR
PIANO

SEASON
9

밤양갱

재즈 왈츠
장기하 작사
장기하 작곡
비비(BIBI) 노래
모범 연주
드럼 리듬

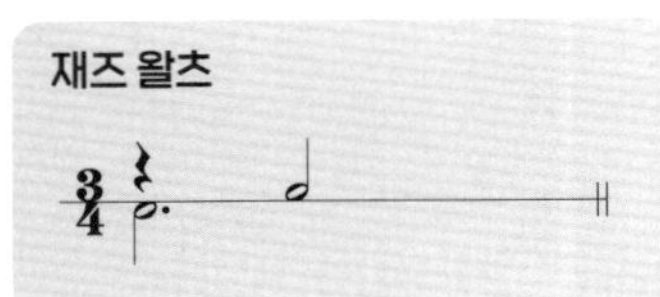

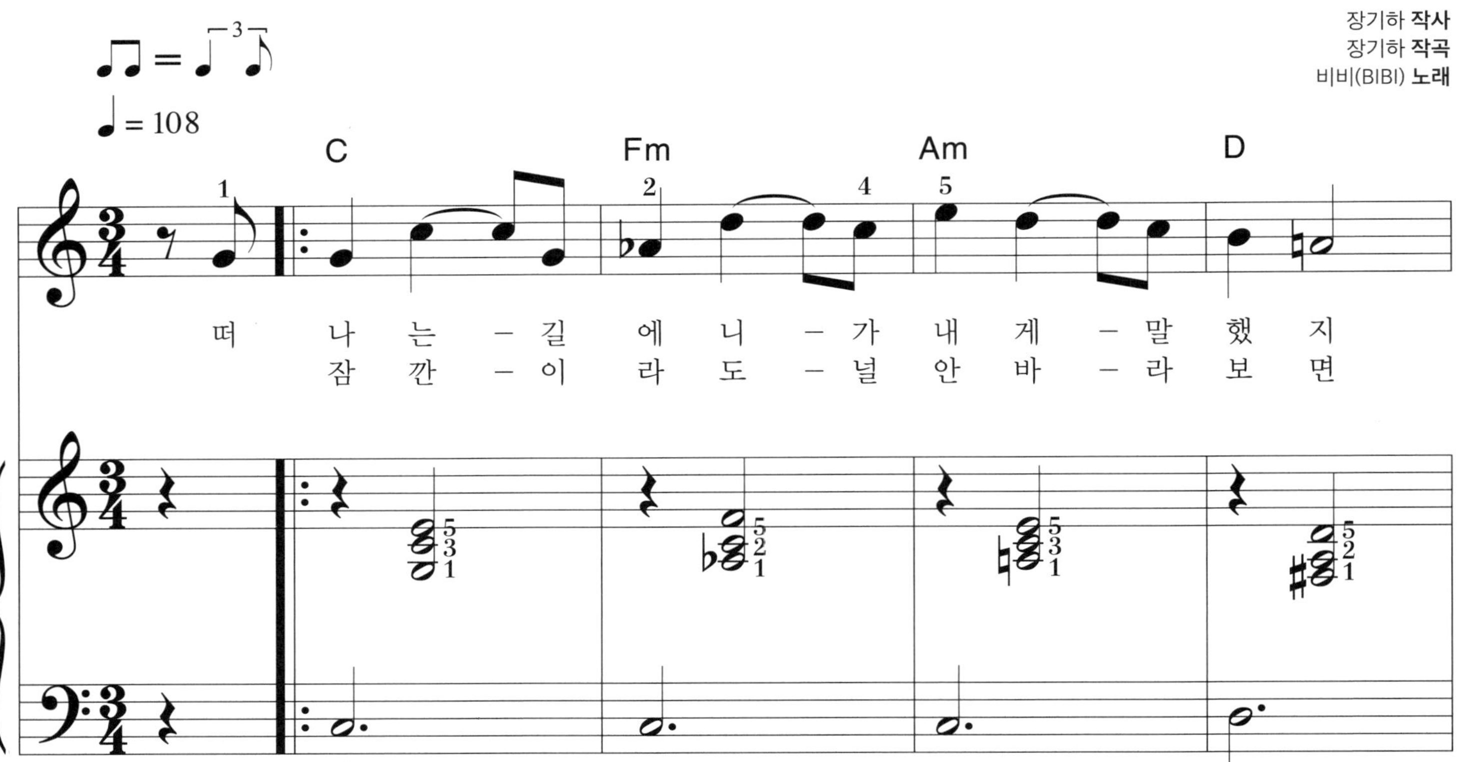

C   Fm   Am   D
떠 나 는 길 에 니 가 내 게 말 했 지
잠 깐 이 라 도 널 안 바 라 보 면

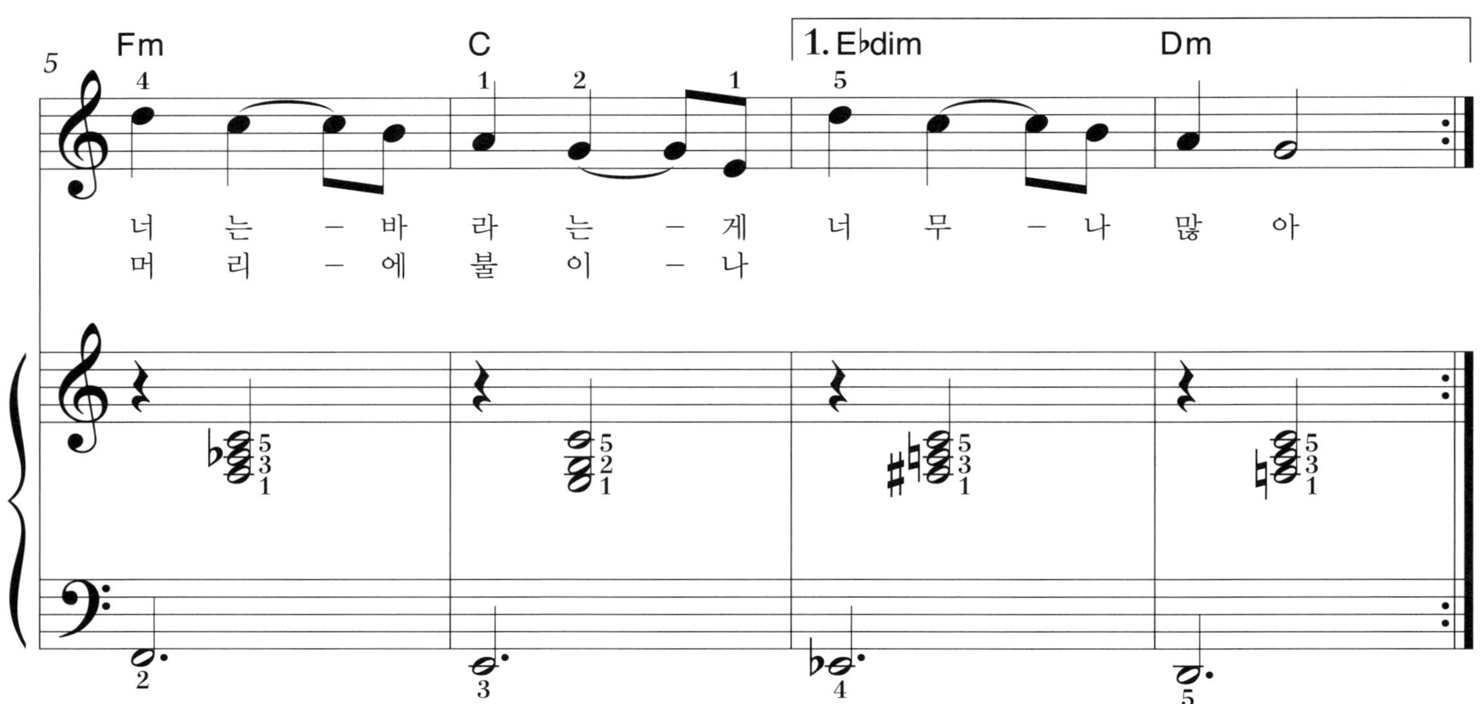

Fm   C   1. E♭dim   Dm
너 는 바 라 는 게 너 무 나 많 아
머 리 에 불 이 나

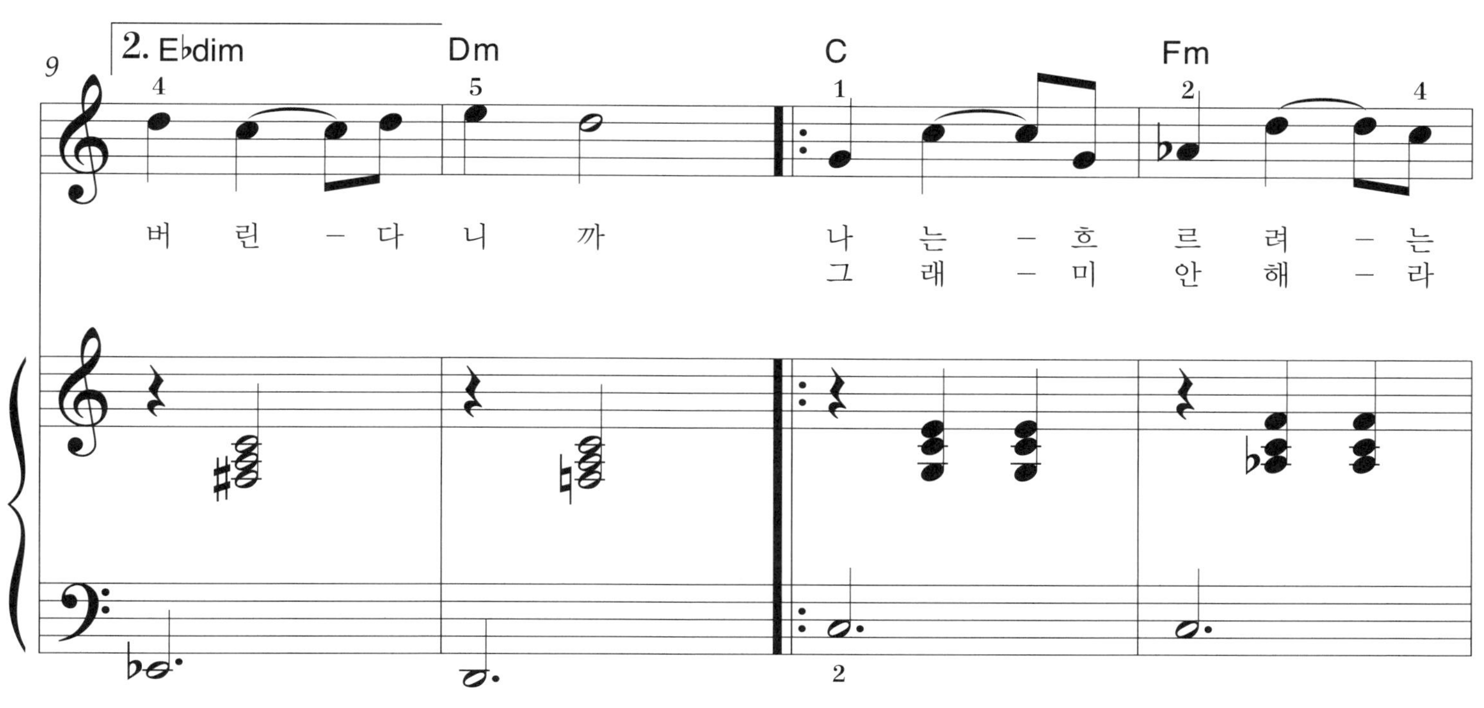
2. E♭dim   Dm   C   Fm
버 린 — 다 니 까   나 는 — 흐 르 려 — 는
그 래 — 미 안 해 — 라

Am   D   Fm   C
눈 물 — 을 참 고   하 려 — 던 얘 길 — 어
는 한 — 마 디 로   너 랑 나 — 눈 날 들 — 마

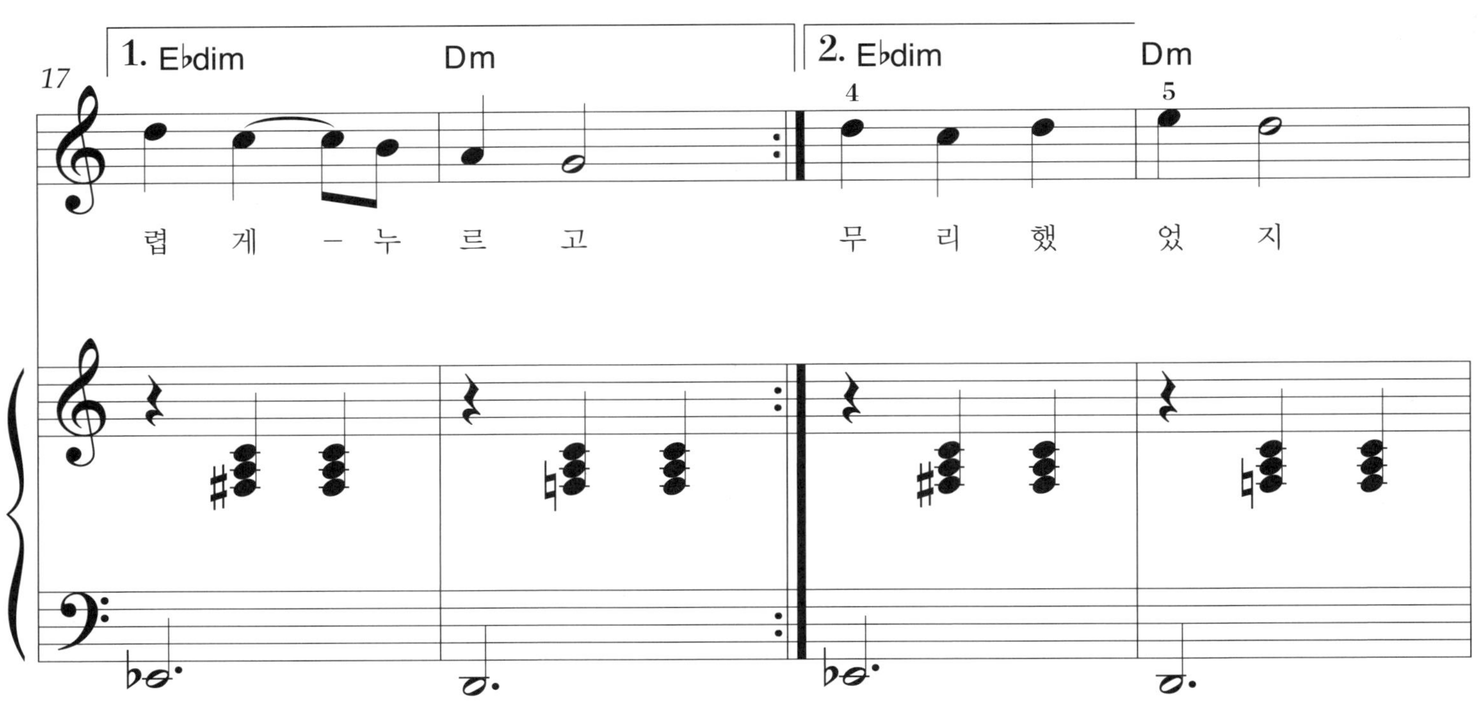

1. E♭dim   Dm
2. E♭dim   Dm
17
렵 게 — 누 르 고   무 리 했 었 지

Am   Am
21
달 디 달 고 달 디 달 고 달 디 단 밤 양
내 가 먹 고 싶 었 던 건 달 디 단 밤 양

25
Dm
1. G7
갱
밤 양 갱

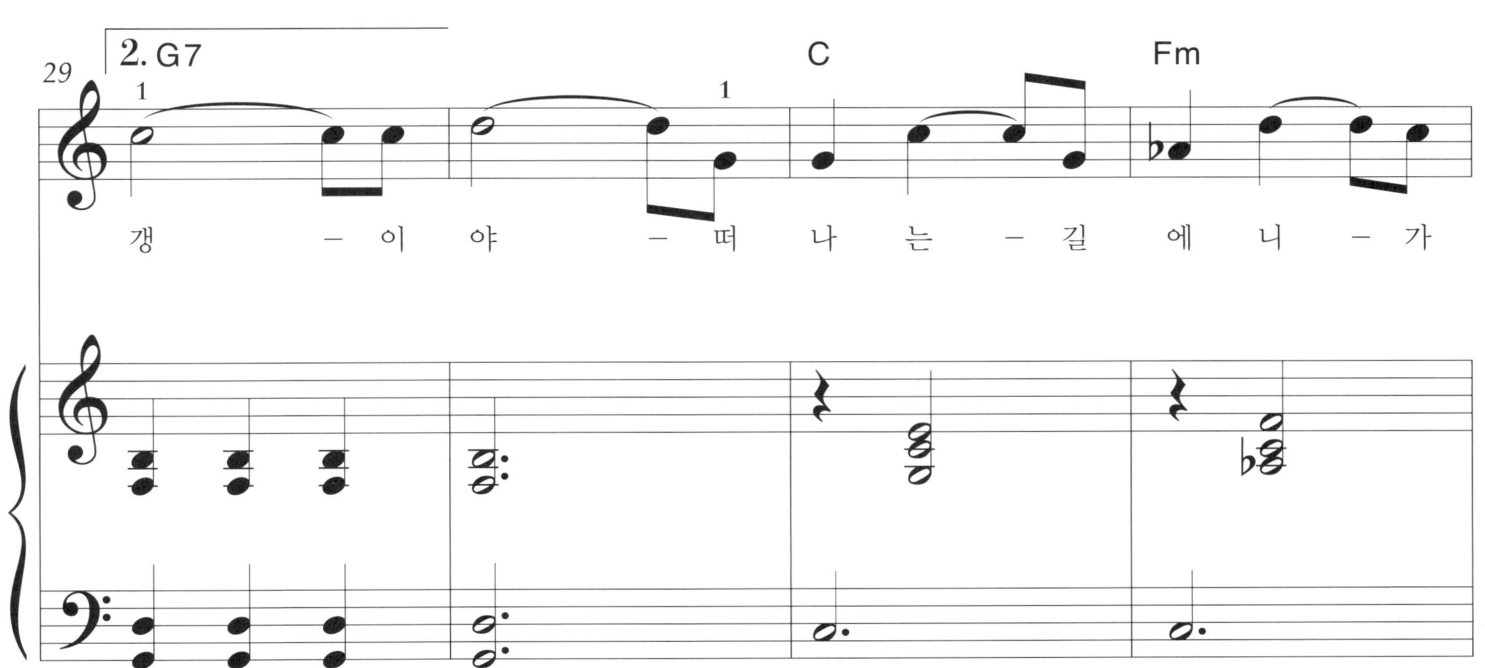

29
2. G7
C
Fm
갱 － 이 야 － 떠 나 는 － 길 에 니 － 가

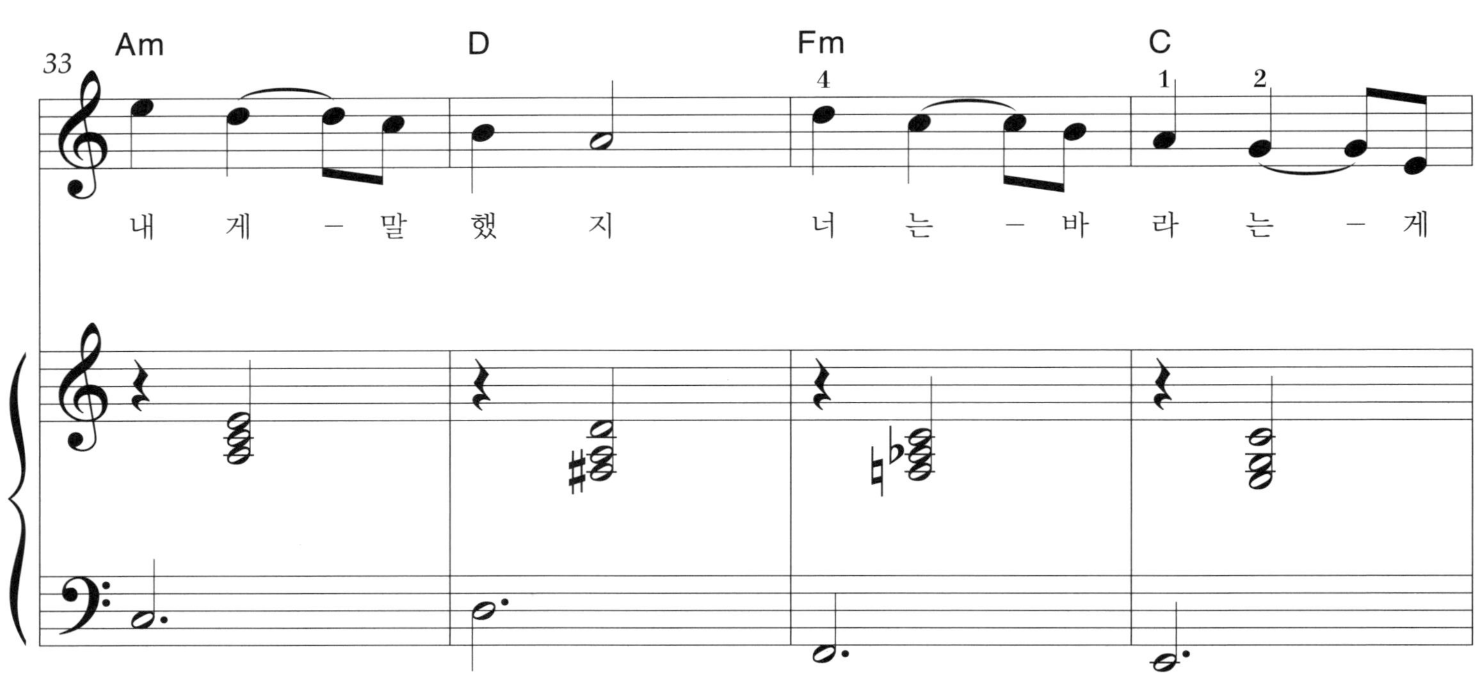

Am
D
Fm
C
4
1
2
내 게 — 말 했 지 너 는 — 바 라 는 — 게

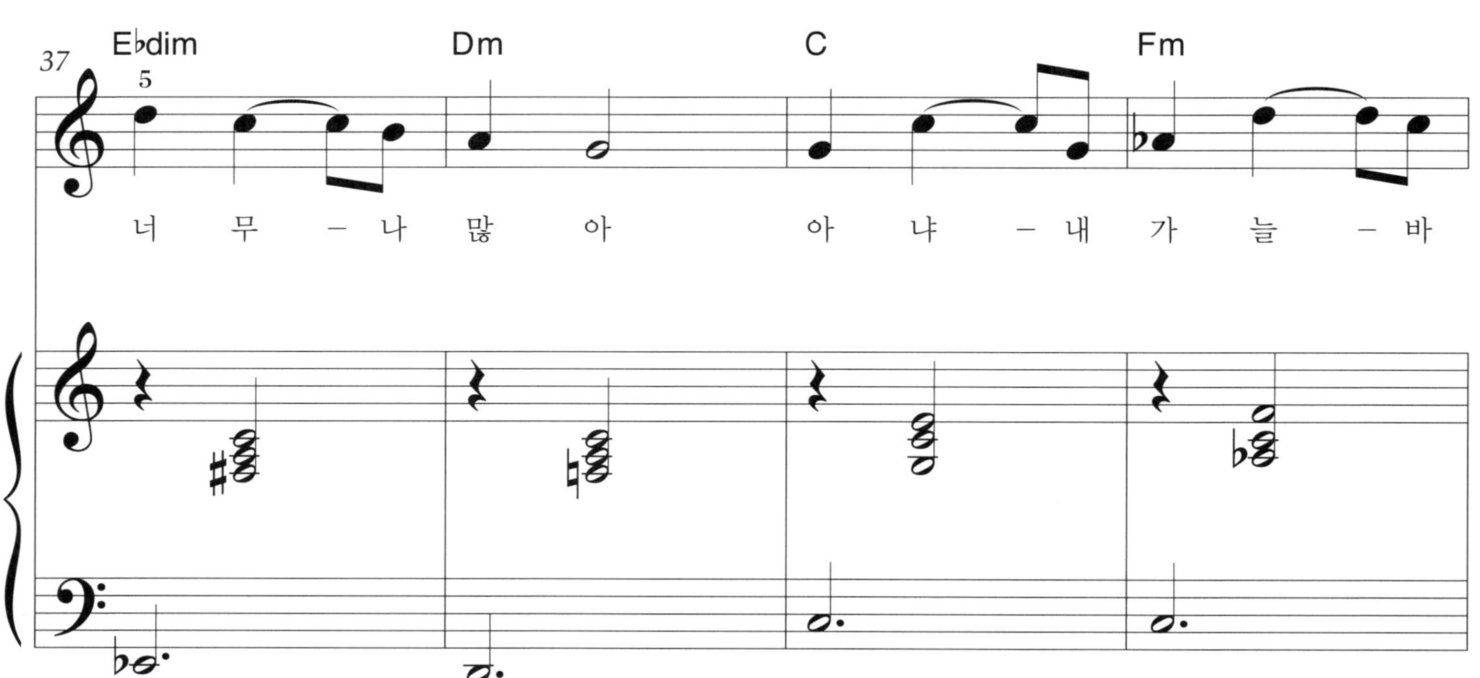

E♭dim
Dm
C
Fm
5
너 무 — 나 많 아 아 냐 — 내 가 늘 — 바

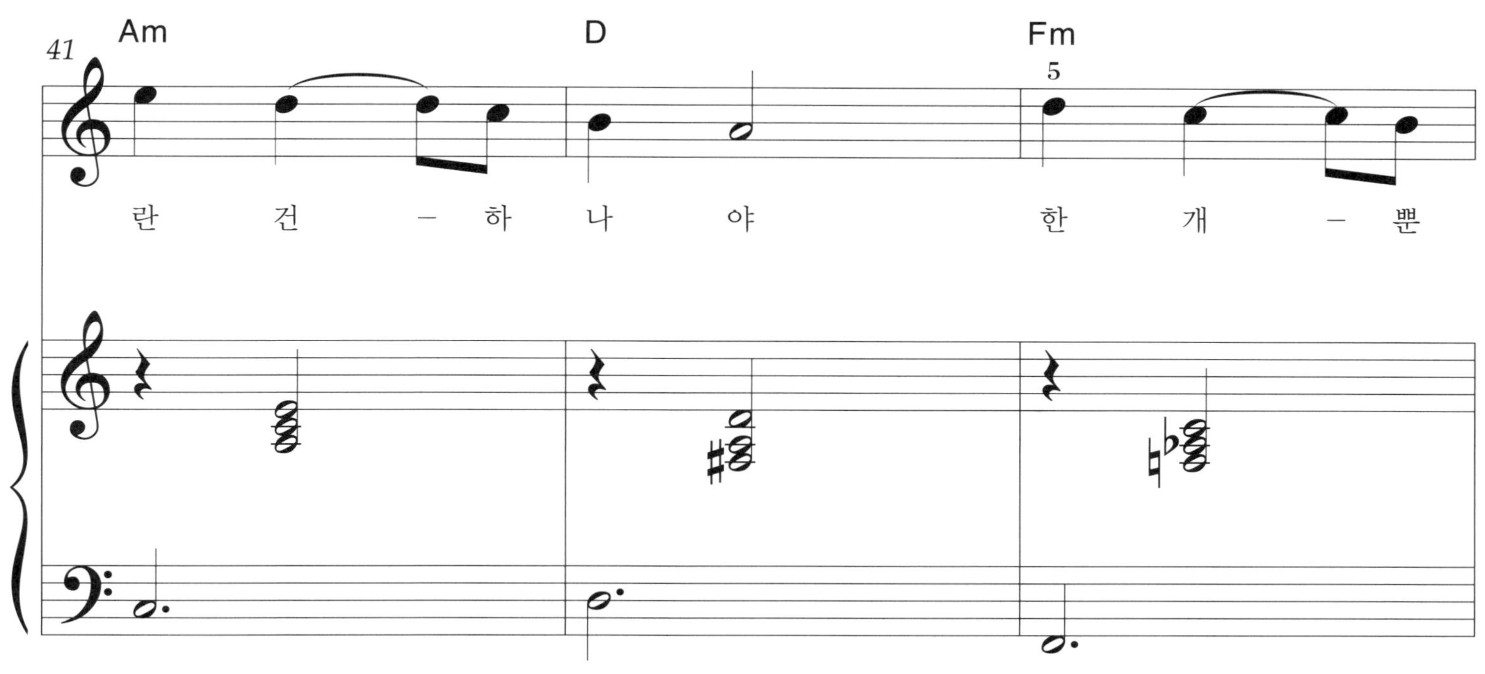

Am
D
Fm
5
란 건 ─ 하 나 야 한 개 ─ 뿐

C
Dm
G
C
5
이 야 달 디 단 밤 양 갱

Oompa Loompa

윙카 OST

Leslie Bricusse 외 1명 작사
Leslie Bricusse 외 1명 작곡
Hugh Grant(휴 그랜트) 외 1명 노래

Am
Dm
Am
움 파 룸 파 둠 피 티 두   현 명 하 다면 나한테

E7
Am
Dm
C
귀를 기 울여 봐   수목이 우거 진 비옥 한 땅 룸 파 랜 드

Dm
C
8va
Dm
하 지만 카 카 오 재 배엔 맞지않 지 귀 한 열매지키 는 게

C
B
내 — 임 무 그러다 네 가 나타 나 다 훔쳐

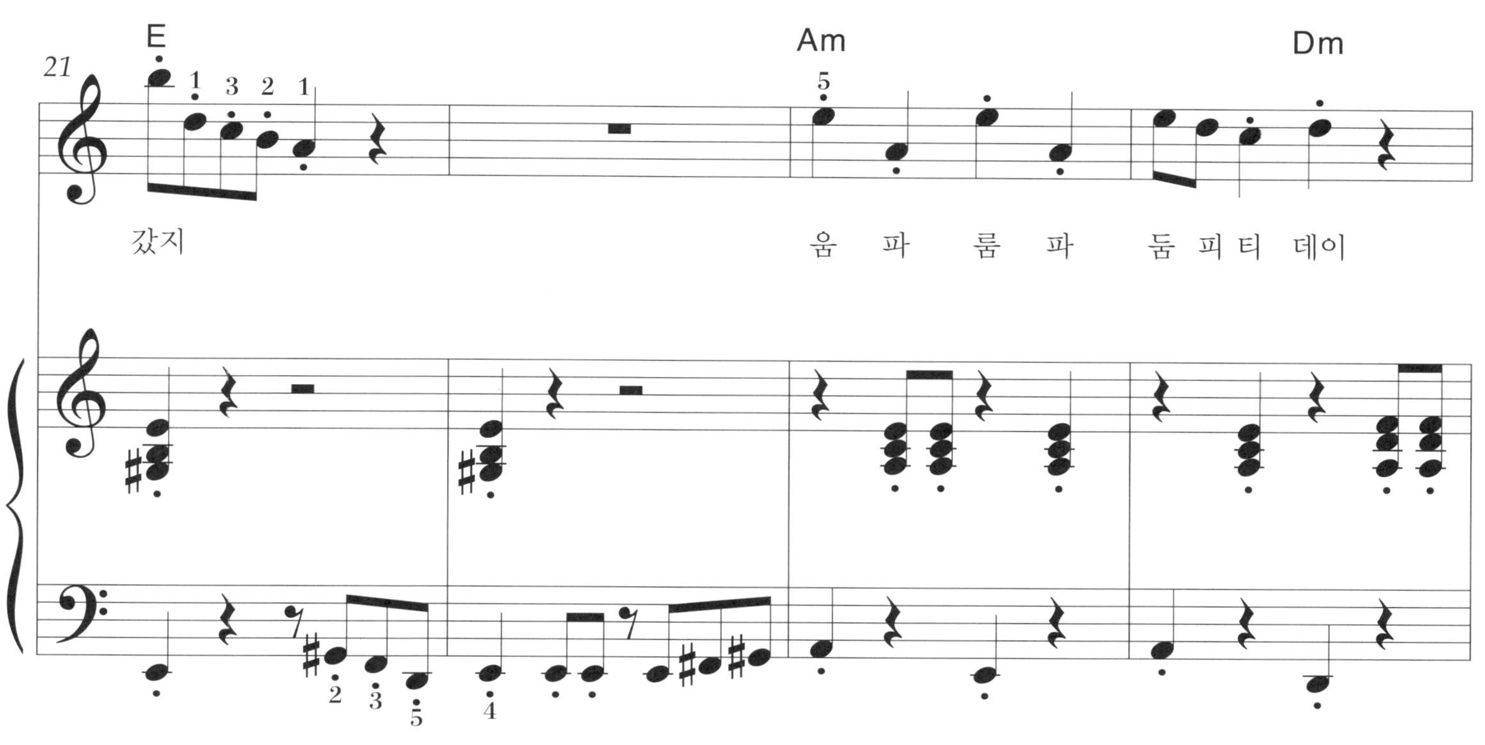

E
Am
Dm
21
갔지
움 파 룸 파 둠 피 티 데이

Dm
Am
B
E
Am
Dm
25
눈 뜨니 까 난 쫓겨났 지 돌 아 갈 수 도없다 네

Am
E
Am
천 — 배 로 갚 기 전 — 에 는

Am
E
Am

Joy's
EASY TO PLAY

K*POP

FOR

PIANO

SEASON
9

Joy's
EASY TO PLAY

K*POP

FOR

PIANO

SEASON
9

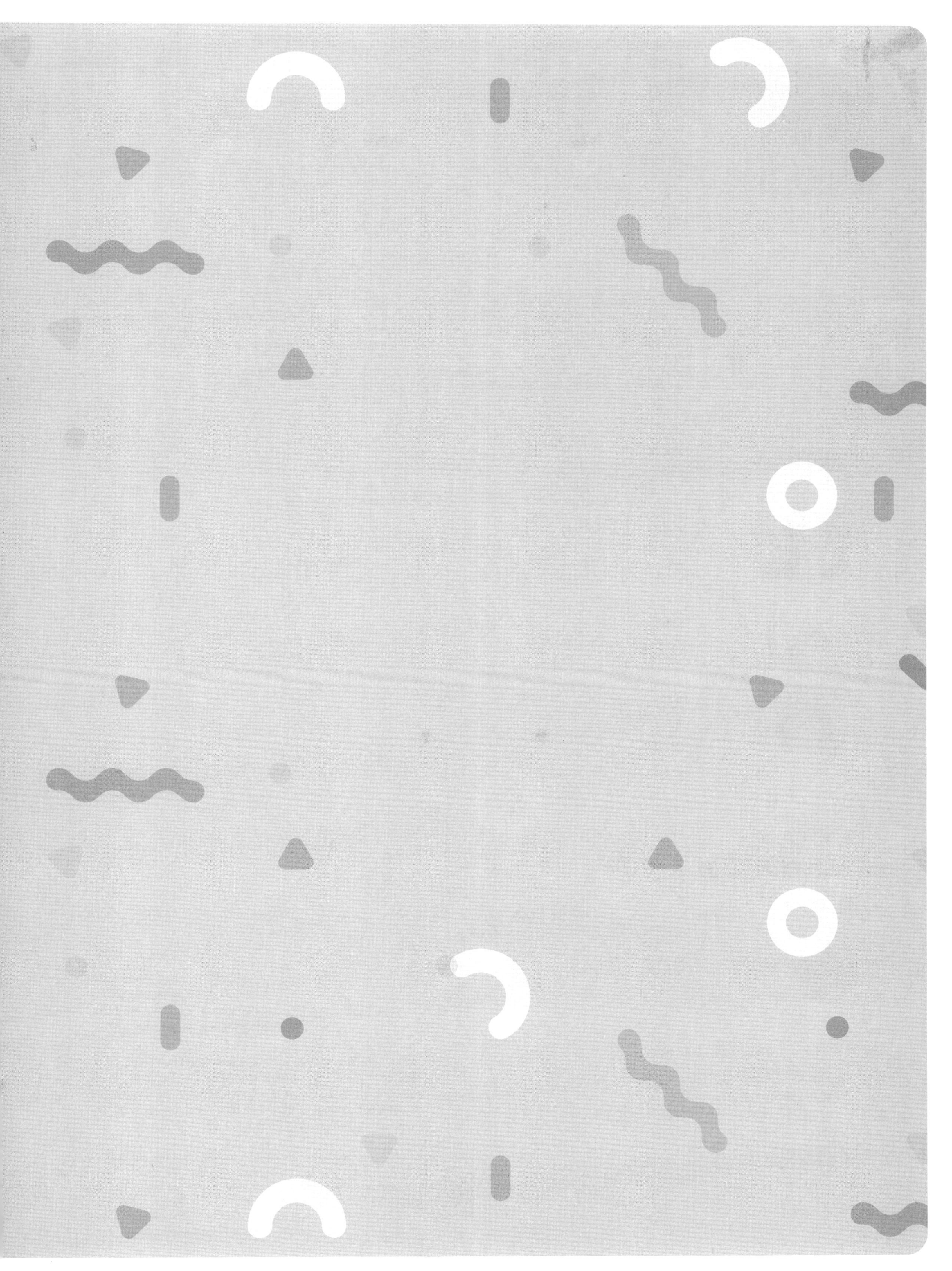

조희순

명지전문대학 실용음악과 외래교수
한국영상대학 음향제작과 겸임교수
한서대학교 실용음악과 겸임교수
명지대학교 문화콘텐츠학과장 역임
전국 실용 반주 세미나 20,000여 회
실용음악콩쿠르, 대학입시 심사위원 활동
Dasony 예술단 음악감독 역임
KOICA 해외봉사단 음악교육 전임교수
한국동요음악협회작곡가 활동
Joy Music Academy 대표
삼호뮤직 아카데미 연구센터장

저서
조희순의 반주의 비밀 1~6
조희순의 반주의 비밀 예비과정 1, 2
조희순의 성인을 위한 반주의 비밀 1, 2
조희순의 CCM 반주의 비밀 1~3
[멜로디편 · 리듬애드립편 · 리하모니제이션편]
조희순의 반주의 비밀 멜로디 편
[느린 곡 Mood 편 · 빠른 곡 Energetic 편]
조희순의 반주의 비밀 리하모니제이션 1, 2
[코드가 있는 곡 편 · 코드가 없는 곡 편]
JOY쌤의 누구나 쉽게 치는 OST 연주곡집 [Easy, Original] (개정판)
JOY쌤의 누구나 쉽게 치는 뉴에이지재즈소곡집 [초급편 · 중급편]

JOY쌤의 누구나 쉽게 치는 CCM피아노 1~3
JOY쌤의 누구나 쉽게 치는 힐링피아노
JOY쌤의 누구나 쉽게 치는 K-POP 시즌 1~9
JOY쌤의 캐롤 피아노 연주곡집 [초급편 · 중급편]
JOY쌤의 시즌별 피아노 연주곡집 [초급편 · 중급편]
캔디팡팡 꼬마 피아노 1, 2
캔디팡팡 바이엘 1~4
캔디팡팡 꼬마 음악놀이 1, 2
캔디팡팡 음악놀이 파티 1, 2
캔디팡팡 연습장 1, 2
캔디팡팡 피아노 동요집 [꼬마 피아노, Very Easy, Easy]
캔디팡팡 음악이론 1~12
캔디팡팡 계이름 나라 1~12
조희순의 간추린 체르니100
코드를 부탁해 (감수)
구르미그린달빛 · 달의연인보보경심려 OST
퀸 보헤미안 랩소디 OST 피아노 연주곡집 [초급편 · 중급편]
겨울왕국2 OST 피아노 연주곡집 [Very Easy, Easy]
빼빼로 프렌즈 재즈소곡집 [꼬마피아노, Very Easy, Easy]
하루 한 곡 재즈 피아노 [재즈 그루브를 만끽할 수 있는 편]
하루 한 곡 재즈 피아노 [블루 노트를 내 것으로 만드는 편]
악보 탐험대 1~3
라인프렌즈 꼬마 계이름 1~3(감수)
라인프렌즈 꼬마 음악이론 1~3(감수)
라인프렌즈 꼬마 피아노 1~3(감수)

문혜성

한양대학교 음악대학 성악전공
비디오빌리지 소속 크리에이터 '혜성'
남예종 방송영화제작계열 크리에이티브 교수
웹 무비 'Fairytale in Life' 음악감독
음악저널 콩쿠르 2014년도 고등부문 수상
한양대학교 대동제 2017~2018년 한양가요제 메인 MC
아모레퍼시픽 '에뛰드하우스' 뷰티즌2기 TOP10
LG전자 모바일 V30sthinQ 대학생 개인부문 1위

삼성카드 영랩 2018 해외원정대 2위
한화 금융 라이프 플러스 엠버서더 4기
현대홈쇼핑 모바일 방송 쇼호스트
충청남도 도교육청 초청 연주
KBS '누가누가 잘하나?' 1위
KBS 초록동요제 가족부분 1위
EBS 창작동요제 개인 1위 중창 1위 가족부분 1위
JOY쌤의 누구나 쉽게 치는 K-POP 시즌 2~9

문혜린

경기예술고등학교 성악과 졸업
명지대학교 성악과 수석졸업
영 아티스트 초청 연주회 오케스트라 협연
제 18회 서울국제 청소년 영화제 상영작 음악영화 〈레가토〉 주연
충청남도 학생 음악 콩쿠르 최우수상
명지대학교 춘 · 추계 음악회 연주
예음 SEA 전국 음악 콩쿠르 3위
음악교육신문 콩쿠르 2위

시티필히모니 음악 콩쿠르 1위
영산아트홀 수상자 초청연주회
JOY쌤의 누구나 쉽게 치는 K-POP 시즌 5~9

Joy쌤의

누구나 쉽게 치는 K-POP

—
초급편 시즌 9

발행인 김두영
저자 조희순, 문혜성, 문혜린
전무 김정열
편집 김가람, 오새봄
디자인 지혜란, 김봄
제작 유정근
전략기획 윤순호, 권지현, 정유진, 이두리, 신찬, 한재현

발 행 일 2024년 6월 10일 (1판 1쇄)
　　　　　 2025년 2월 20일 (1판 4쇄)
발 행 처 삼호ETM (http://www.samhomusic.com)
　　　　　 경기도 파주시 문발로 175
　　　　　 전략기획개발부　전화 1577-3588　　팩스 (031) 955-3599
　　　　　 콘텐츠기획개발부　전화 (031) 955-3589　팩스 (031) 955-3598
등　　록 2009년 2월 12일 제 321-2009-00027호

ISBN 978-89-6721-539-2
　　　　 978-89-6721-537-8(세트)

제 품 명 : 도서	주　소 : 경기도 파주시 문발로 175
제조사명 : 삼호ETM	문의전화 : 1577-3588
제조국명 : 대한민국	제조년월 : 판권 별도 표기
사용연령 : 3세 이상	KC마크는 이 제품이 공통안전기준에 적합하였음을 의미합니다.